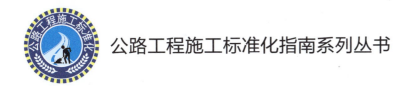

公路工程施工标准化指南系列丛书

广东省公路工程施工标准化指南

第四分册　桥涵工程

广东省交通运输厅　组织编写

人民交通出版社股份有限公司

北　京

内 容 提 要

本指南对广东省公路工程各参建单位的桥涵施工和管理提出相关要求。本指南共分十章,主要内容包括:总则,管理要求,通用技术,桥梁基础,桥梁下部结构,桥梁上部结构,桥梁附属工程,涵洞、通道,桥梁拼宽和涵洞接长,雨期和热期施工。

本指南可供广东省交通运输行业主管部门、公路工程项目参建单位和参建人员使用。

图书在版编目(CIP)数据

广东省公路工程施工标准化指南. 第四分册, 桥涵工程 / 广东省交通运输厅组织编写. — 北京 : 人民交通出版社股份有限公司, 2021.6
ISBN 978-7-114-17049-2

Ⅰ.①广… Ⅱ.①广… Ⅲ.①高速公路—道路施工—标准化管理—广东—指南②高速公路—公路桥—桥梁施工—标准化管理—广东—指南 Ⅳ.①U415.1-62 ②U448.145-62

中国版本图书馆 CIP 数据核字(2021)第 020017 号

Guangdong Sheng Gonglu Gongcheng Shigong Biaozhunhua Zhinan　Di-si Fence　Qiaohan Gongcheng

书 名:	广东省公路工程施工标准化指南　第四分册　桥涵工程
著 作 者:	广东省交通运输厅
责任编辑:	韩亚楠　郭晓旭
责任校对:	刘 芹
责任印制:	刘高彤
出版发行:	人民交通出版社股份有限公司
地　　址:	(100011)北京市朝阳区安定门外外馆斜街 3 号
网　　址:	http://www.ccpcl.com.cn
销售电话:	(010)59757973
总 经 销:	人民交通出版社股份有限公司发行部
经　　销:	各地新华书店
印　　刷:	中国电影出版社印刷厂
开　　本:	880×1230　1/16
印　　张:	7.75
字　　数:	158 千
版　　次:	2021 年 6 月　第 1 版
印　　次:	2024 年 3 月　第 4 次印刷
书　　号:	ISBN 978-7-114-17049-2
定　　价:	60.00 元

(有印刷、装订质量问题的图书由本公司负责调换)

《广东省公路工程施工标准化指南》编审委员会

主 任 委 员：黄成造

副主任委员：曹晓峰　职雨风　王　璜

委　　　员：张钱松　鲁昌河　刘永忠　胡利平
　　　　　　梅晓亮　彭伟强　单　云　兰恒水
　　　　　　洪显诚　李卫民　吴玉刚　邱　钰
　　　　　　余国红　乔　翔　成尚锋　代希华
　　　　　　吴传海　李　勇　熊　杰

《第四分册　桥涵工程》编写委员会

主　　编：李　勇

副 主 编：赵　明　陈　红

编　　写：薛连旭　杨　雷　蒲春平　何湘峰
　　　　　潘少兵　郑思辰　吕明敏　危春根
　　　　　侯志强　刘佳宝　张昆阳　黄正昌
　　　　　王　峰　龚德洹　刘旋云　孙迎春
　　　　　陈榕峰　刘经法

前言
FOREWORD

　　加快推进现代工程建设管理,是公路行业坚持新发展理念,牢牢把握交通"先行官"定位,构建安全、便捷、高效、绿色、经济现代化综合交通体系的生动实践和有力抓手。近年来,广东省交通运输系统进一步转变发展方式,深入贯彻落实《交通强国建设纲要》及公路建设管理"五化"(发展理念人本化、项目管理专业化、工程施工标准化、管理手段信息化、日常管理精细化)要求,全面提升公路工程建设管理水平,有力支撑广东交通高质量跨越式发展。截至 2020 年底,广东省公路通车里程达 22.2 万公里,其中高速公路在全国率先突破 1 万公里。

　　2010 年以来,广东省创新开展公路建设标准化管理的实施活动,组织开展施工标准化工作,形成《广东省公路工程施工标准化指南》(以下简称《指南》),初步构建了公路建设管理的标准化体系,成功建成了港珠澳大桥、南沙大桥、汕昆高速、汕湛高速等一批优质工程。为进一步提高广东省公路建设管理水平,创建"品质工程",广东省交通运输厅组织技术攻关,在全面、系统总结 10 年来高速公路标准化管理、品质工程创建、绿色公路建设等经验基础上,对《指南》进行了修编。

　　本次修编的主要特点:一是注重管理和技术相结合,强化参建各方职责,规范建设管理程序,明确施工控制环节的技术和质量要求。二是坚持目标导向和问题导向相结合。针对薄弱环节,提出行之有效的措施,着力解决工程中的质量通病。三是兼顾实用性和先进性。有关管理要求和技术标准既符合实际可执行,又适度超前力求先进。四是注重创新技术在公路行业的推广应用。倡导微创新和新技术、新工艺、新材料、新设备的科学合理应用,提高管理水平、工程品质和工作效能。

修编后《指南》共分八个分册,包括综合管理及工地建设、路基工程、路面工程、桥涵工程、隧道工程、交通安全设施工程、机电工程、公路房建工程,其中公路房建工程分册另行印发。修编以国家及行业现行法律法规、标准规范为依据,全面总结广东省高速公路标准化管理、品质工程、绿色公路建设经验,对标准化施工的方方面面进行了明确、细致规定,可作为参建单位日常工作的行动指南。

本书为《指南》第四分册,以推行规范化管理、标准化施工为抓手,以品质工程建设目标为引领,与相关标准、规范、行业指导意见协调配套,规范桥涵工程施工管理过程中参建各方的管理行为,结合广东省施工环境特点,以问题为导向,针对桥涵工程施工过程中常见的质量通病,强调了关键工序和关键过程的施工技术与质量控制要点;以目标为导向,推广应用钢筋数控加工设备、承插盘扣式支架、智能张拉与压浆系统等成熟、先进的"四新"技术。旨在有效消除质量通病,提高施工管理水平和工程质量,实现桥涵工程施工标准化。

《指南》修编过程中,得到了广东省交通集团有限公司、佛山市交通运输局、广东省南粤交通投资建设有限公司、广东省公路建设有限公司、广东华路交通科技有限公司、广东省路桥建设发展有限公司、广东省高速公路有限公司、广东交通实业投资有限公司、佛山市路桥建设有限公司等单位的大力支持。广东省南粤交通龙怀高速公路管理中心龙连管理处、广东云茂高速公路有限公司、广东惠清高速公路有限公司、广东潮惠高速公路有限公司、广东新粤交通投资有限公司、广东路路通有限公司、众为工程咨询有限公司、广东省高速公路有限公司开阳扩建管理处等共同参与了《指南》的修编工作。在此一并表示感谢。

《指南》可供全省交通运输主管部门、公路工程项目参建单位和参建人员使用,使用过程中发现的问题和意见建议,请反馈至广东省交通运输厅基建管理处(地址:广州市越秀区白云路27号,邮政编码:510101)。

编　者
2021 年 4 月

Contents 目录

1 总则 1

2 管理要求 2

    2.1 一般规定 2
    2.2 安全管理 3
    2.3 质量管理 3
    2.4 技术管理 4
    2.5 人员管理 5
    2.6 设备管理 5
    2.7 材料管理 6
    2.8 信息化管理 6
    2.9 环境保护和水土保持 6

3 通用技术 8

    3.1 一般规定 8
    3.2 钢筋 8
    3.3 模板、支架 12
    3.4 混凝土工程 14
    3.5 预应力工程 19

4 桥梁基础 — 26

4.1 一般规定 ··· 26
4.2 灌注桩 ··· 26
4.3 挤扩支盘桩 ··· 33
4.4 预应力混凝土管桩 ·· 34
4.5 基坑 ··· 37
4.6 浅基础、承台 ·· 38
4.7 围堰 ··· 39

5 桥梁下部结构 — 43

5.1 一般规定 ··· 43
5.2 桥墩 ··· 44
5.3 盖梁 ··· 48
5.4 桥台 ··· 50

6 桥梁上部结构 — 52

6.1 一般规定 ··· 52
6.2 先张法预应力梁预制 ·· 52
6.3 后张法预应力梁预制 ·· 54
6.4 预应力梁安装 ·· 60
6.5 支架现浇箱梁 ·· 62
6.6 悬臂浇筑梁 ··· 64
6.7 桥面整体化及调平层 ·· 67

7 桥梁附属工程 — 70

7.1 一般规定 ··· 70
7.2 垫石 ··· 70
7.3 支座 ··· 71
7.4 桥面防水与排水 ·· 73
7.5 现浇混凝土防撞护栏 ·· 74
7.6 伸缩装置 ··· 76
7.7 台背回填 ··· 77
7.8 搭板和锥坡 ··· 78

8 涵洞、通道 — 79

    8.1 一般规定 …………………………………………………………………… 79
    8.2 混凝土管涵 ………………………………………………………………… 80
    8.3 波纹钢管(板)涵洞 ………………………………………………………… 81
    8.4 盖板涵、箱涵 ……………………………………………………………… 82
    8.5 拱涵 ………………………………………………………………………… 84
    8.6 装配式通道 ………………………………………………………………… 84

9 桥梁拼宽和涵洞接长 — 88

    9.1 一般规定 …………………………………………………………………… 88
    9.2 桥梁拼宽控制要点 ………………………………………………………… 89
    9.3 既有桥梁拆除控制要点 …………………………………………………… 89
    9.4 既有桥梁加固控制要点 …………………………………………………… 90
    9.5 涵洞接长 …………………………………………………………………… 90

10 雨期和热期施工 — 91

    10.1 一般规定 ………………………………………………………………… 91
    10.2 雨期施工 ………………………………………………………………… 91
    10.3 热期施工 ………………………………………………………………… 92

附录A 四新技术 — 94

    A.1 高强度钢木组合模板 ……………………………………………………… 94
    A.2 桥面混凝土调平层四辊轴摊铺机 ………………………………………… 94
    A.3 数控钢筋笼滚箍机 ………………………………………………………… 95
    A.4 活动式钢楔块 ……………………………………………………………… 96
    A.5 支座垫石包裹养护法 ……………………………………………………… 96
    A.6 钢绞线梳编束作业平台 …………………………………………………… 97
    A.7 混凝土钢筋保护层厚度检测器 …………………………………………… 98
    A.8 预制箱梁整体自行式液压模板系统 ……………………………………… 99
    A.9 涵洞拉杆孔封堵施工工艺 ………………………………………………… 99
    A.10 箱梁内腔雾炮机养护 …………………………………………………… 100
    A.11 空心板自动凿毛 ………………………………………………………… 100
    A.12 临时背撑式混凝土防撞护栏 …………………………………………… 101

A.13　SPMT 自行式模块车 …………………………………………………… 102
A.14　高压水力破除混凝土工艺 …………………………………………… 102

附录B　质量通病及防治　　104

B.1　混凝土构件几何尺寸偏差 …………………………………………… 104
B.2　构件混凝土强度不足 ………………………………………………… 105
B.3　混凝土外观病害 ……………………………………………………… 105
B.4　钢筋保护层厚度合格率低 …………………………………………… 106
B.5　混凝土表面干缩裂缝 ………………………………………………… 106
B.6　桩基沉渣偏厚 ………………………………………………………… 107
B.7　桩头破损、钢筋损伤 ………………………………………………… 107
B.8　混凝土构件烂根 ……………………………………………………… 107
B.9　柱间距偏差大 ………………………………………………………… 108
B.10　支座脱空 ……………………………………………………………… 108
B.11　预制梁板封端质量缺陷 ……………………………………………… 108
B.12　预应力工程质量缺陷 ………………………………………………… 109
B.13　预制梁吊装损伤 ……………………………………………………… 109
B.14　湿接缝横向开裂 ……………………………………………………… 110
B.15　预制梁板横隔板错位 ………………………………………………… 110
B.16　桥面调平层质量缺陷 ………………………………………………… 111
B.17　混凝土护栏开裂 ……………………………………………………… 111
B.18　伸缩缝质量缺陷 ……………………………………………………… 112
B.19　涵、台背回填沉降开裂 ……………………………………………… 112
B.20　钢筋植筋抗拔力不足 ………………………………………………… 112

1 总　则

1.0.1　为全面推进现代工程管理,打造公路工程"平安百年品质工程",规范公路桥涵工程施工,提高管理水平,保证施工质量、安全,防治桥涵施工中常见的质量通病,结合广东省公路建设实际情况,编制本指南。

1.0.2　本指南主要依据国家、交通运输部、广东省等颁布的相关标准、规范、规程、指南、文件及行业内成熟先进施工经验和管理经验编制。依据文件如有更新,以最新文件为准。

1.0.3　本指南适用于广东省新建和改(扩)建的高速公路、一级公路及建安费10亿元以上的二级公路,其他项目可参考使用。

1.0.4　本指南立足高质量发展理念,兼顾管理和技术要求,凝聚公路建设标准化成果和行业内成熟的工艺、工法以及先进的技术、管理经验,兼顾指导性和灵活性。

1.0.5　高速公路桥涵工程施工安全生产相关内容应执行广东省交通运输厅发布的《广东省高速公路工程施工安全标准化指南》(共三册)的要求,其他等级公路可参照执行。

1.0.6　在使用和执行本指南过程中,应严格执行桥涵工程相关设计、施工、试验、检测、测量等方面的技术标准、规范、规程、规定,本指南未涉及内容应按相关规范执行。

2 管理要求

2.1 一般规定

2.1.1 桥涵工程建设应以《交通强国建设纲要》为指导思想,坚持"创新、协调、绿色、开放、共享"新发展理念,积极响应"品质工程""绿色公路"和"科技创新"要求,推动高质量发展,以一流技术、一流管理打造"平安百年品质工程"。

2.1.2 桥涵工程建设应以品质工程目标为引领,以"双标管理(标准化和标杆)"为抓手,以问题为导向,结合建设环境、项目特点、桥涵工程技术管理的重点和难点编制桥涵工程创建品质工程实施方案。

2.1.3 桥涵工程安全生产工作必须坚持"一岗双责",即"管业务必须管安全""管生产必须管安全""谁主管谁负责"的原则,坚持"预防为主、关口前移、超前预控、动态管理、持续改进"的原则,坚持"全员参与、全面覆盖、全过程管理"的原则。

2.1.4 桥涵工程建设应建立健全全面质量责任体系,全面落实建设、设计、监理、施工、试验检测、监控咨询等参建各方的质量责任终身制,各参建单位应将工程质量责任分解落实至各岗位和各从业人员。

2.1.5 建设项目应积极推行设备、工艺、工法标准化管理,推广应用先进设备、工艺、工法,淘汰落后设备、工艺、工法,提升工程安全生产和质量管理水平。

2.1.6 桥涵工程建设管理应充分融合自动化、数字化、信息化、智能化等现代技术,加强科技创新发展成果应用,不断发展创新"发展理念人本化、项目管理专业化、工程施工标准化、管理手段信息化、日常管理精细化"的桥涵工程管理现代化体系。

2.1.7 桥涵工程施工应以工厂化生产、机械化施工为核心,不断提升施工标准化的内涵和水平;以管理信息化、精细化为助力,提升管理能效。

2.1.8 建设单位应根据建设项目情况制订项目奖励管理办法,充分发挥奖励资金的激励作用,将奖励资金重点用于奖励优秀的管理人员、工班组,用于奖励应用先进机械设备、先进工艺工法和微创新的参建单位,用于奖励完成优质实体工程的参建单位。

2.2 安全管理

2.2.1 建设单位应依据现行《公路项目安全性评价规范》(JTG B05)在工程可行性研究阶段、初步设计阶段、施工图设计阶段开展工程项目安全性评价。

2.2.2 设计单位应依据《公路桥梁和隧道工程设计安全风险评估指南(试行)》(交公路发〔2010〕175号)在初步设计阶段开展公路桥梁和隧道工程设计安全风险评估,建设单位应组织专家对评估报告进行评审。

2.2.3 符合《公路桥梁和隧道工程施工安全风险评估指南(试行)》(交质监发〔2011〕217号)规定的工程项目,建设、监理、施工单位应按规定开展施工安全风险评估。

2.2.4 桥梁工程施工安全风险评估工作一般应由施工单位负责开展。当评估项目含有多个合同段时,总体风险评估应由建设单位牵头组织,专项风险评估仍由施工单位负责。

2.2.5 桥梁施工专项风险评估等级达到Ⅳ级(极高风险)时,建设单位应组织专家论证。不得进行无有效防护措施的极高风险的施工作业活动。

2.2.6 施工单位应将桥梁风险评估结果纳入合同段风险(危险)源清单。对专项风险评估为Ⅲ级及以上的施工作业活动(施工区段),应纳入合同段重大风险(危险)源清单,进行重点管控。

2.2.7 施工单位应在编制施工组织设计的基础上,针对危险性较大工程,单独编制危险性较大工程专项施工方案。

2.2.8 对于超过一定规模的危险性较大工程专项施工方案,施工单位编制完成后应委托具有设计资质的单位进行复核,并组织专家审查论证。

2.2.9 施工单位应在危险性较大工程的施工现场设置安全风险告知牌,告知现场安全风险。

2.2.10 施工栈桥及平台、现浇支架、爬模及滑模、挂篮、架桥机安装及过孔(跨)、塔式起重机基础施工等应进行重点安全控制的施工工序称为专控工序。专控工序应纳入安全验收范畴,施工单位应进行专控工序自检,监理单位应进行专控工序复检。

2.3 质量管理

2.3.1 建设单位应组织制订建设项目桥涵工程质量管理办法或包含桥涵工程相关内容的工程质量管理办法,明确质量管理理念、管理目标、管理体系、管理机构、管理职责等。

2.3.2 建设单位应制订项目的材料质量管理、设备质量管理、首件工程验收、关键(专控)工序验收、隐蔽工程管理、质量奖惩管理、质量缺陷处理、质量事故报告等一系列办法和细则；各参建单位应制订各类管理细则，规范自身管理。

2.3.3 建设单位应结合项目实际情况统一桥涵工程质量标准，明确桥涵实体工程质量指标红线，并在管理过程中及时发布各项质量控制及工艺控制要求。

2.3.4 建设单位应在桥梁工程中的重点关键工程、敏感部位和管理薄弱环节加大实体工程质量检测频率。

2.4 技术管理

2.4.1 各参建单位应建立全覆盖立体网络技术管理责任体系，将技术管理职责分解落实至各具体岗位和人员。

2.4.2 建设单位应组织建立项目桥涵工程专家库，组织专家对各参建单位进行桥涵工程施工技术培训，组织专家研讨项目重、难点技术问题，审查重大技术方案。

2.4.3 建设项目应执行广东省公路工程设计标准化，当同一建设项目有两个或以上设计合同段时，应组织总体设计单位统一设计技术标准、设计风格和质量标准。

2.4.4 桥涵工程开工前，建设单位应组织设计单位对参建施工单位、监理单位等进行设计交底，明确设计要点、施工要点和注意事项。

2.4.5 施工单位在制订桥涵施工组织方案前应做好现场施工环境、地形地质核查，做好图纸会审，对设计文件中的结构坐标、高程、关键尺寸和关键参数进行重点复核，存在问题时应及时向监理单位、建设单位和设计单位提出。

2.4.6 施工单位应综合考虑安全生产、质量标准、环境保护、水土保持、临时工程施工等因素，结合技术、经济性进行综合比选论证，制订综合最优的施工组织方案。

2.4.7 监理单位应认真对施工组织方案进行论证审查，建设单位应参加关键、重点部位的施工组织方案论证审查。

2.4.8 同一建设项目应采用同一高程系统。施工前建设单位应组织设计单位对测量控制性桩点进行现场交桩，施工单位应在复测原控制网的基础上，根据施工需要适当加密、优化，建立施工测量控制网。

2.4.9 施工单位应在施工前对与相邻工程项目接合处的平面位置和高程进行联测校核。

2.4.10 施工单位应对工程施工中所用的临时受力结构和大型临时设施进行专项设计与验算，明确质量和安全的验收标准，并应编制安装、使用、维护和拆除的作业方案。

2.4.11 桥梁施工监控单位（如有）进场后应熟悉设计图纸和施工方案，编制桥梁监控方案，建设单位应组织相关单位进行审查。

2.4.12 施工前施工单位应择优选定原材料，验证混凝土配合比，并上报监理单位批复。

2.5 人员管理

2.5.1 建设项目应推行全员实名制管理,参建单位应利用信息技术手段,对从业人员建立基本信息档案,实行实名制管理。

2.5.2 建设单位宜对各参建单位主要管理人员实行试用制度,根据合同约定及试用期胜任情况进行履约批复。对一般管理人员实行考核上岗制度。

2.5.3 建设单位应制订试验检测办法,加强对建设项目中心实验室和工地实验室的监管,定期进行试验检测人员考核和实验室能力验证,并定期开展比对试验。

2.5.4 建设项目应加强桥涵工程从业人员专业技能培训,提升"工匠班组"培育力度,将现代化工程管理理念推广至一线工作人员。

2.5.5 施工单位应审核并汇总施工现场特种作业人员的相关资格证书,并建立特种作业人员台账。做好到岗、离岗记录,及时更新人员台账。

2.5.6 特种作业人员应经过专业培训、持证上岗。

2.5.7 监理单位应对施工现场特种作业人员的作业情况进行不定期巡视检查,发现人证不一或无证上岗的,应责令其立即停止作业,清退出场。

2.5.8 进入施工现场的人员应按规定佩戴、使用劳动安全防护用品。

2.6 设备管理

2.6.1 建设项目应推行工厂化生产和机械化施工,推广应用先进的数控、智能、自动化、自行式设备设施,提升生产效率,降低劳动强度,提升工程质量。

2.6.2 建设项目应对门式起重机、塔式起重机、挂篮、架桥机、预应力施工等主要施工设备、设施和辅助材料实行审核制。

2.6.3 施工单位、监理单位应在施工过程中经常对模板、支架等周转使用的辅助设备进行检查,存在变形损伤的应及时修复,无法修复的应清退出场。

2.6.4 施工单位应对压力容器、电梯、起重机械等特种设备按相关规定进行管理,其安装调试、拆卸应按经审批的施工方案及安全技术措施实施,并由具备资质的单位和具有相应从业资格的人员进行。

2.6.5 施工单位应按照"一机一档"的要求,建立特种设备动态管理台账。特种设备的安装与拆除应委托具有专业资质的单位实施。

2.6.6 特种设备使用前,施工单位应填写特种设备基本信息表,应附"四证",即特种设备出厂合格证、检验合格证(包括检验报告)、使用登记证以及特种设备操作人员证书,报监理单位核查,通过后方可使用。

2.6.7 建设单位、监理单位应对施工现场特种设备使用情况进行不定期巡视检查,发现证件不全的,应要求整改;存在重大事故隐患的,应责令清退出场。

2.7 材料管理

2.7.1 建设项目宜建立橡胶支座、伸缩缝、锚夹具、压浆材料等关键材料准入库制,准入库应实行动态管理,并建立质量缺陷退出机制、黑名单机制等,对于关键材料质量问题,必要时应上报上级单位和行业主管部门。

2.7.2 建设单位宜建立砂石地材供应商的停用、退出、黑名单机制,存在材料质量问题的,必要时应上报上级单位和行业主管部门。

2.7.3 建设项目应将氯离子含量指标纳入细集料的质量检测范围。

2.7.4 建设单位应对机制砂使用进行审批管理。施工单位在经过试验并确认机制砂及成品混凝土质量满足规范要求后,向项目建设单位提出使用申请,建设单位应组织监理、设计等单位代表和相关专家,对其生产和施工工艺、质量保证措施等进行认真审查把关,经书面批复后方可使用。

2.7.5 桥涵工程各种原材料进场后,施工单位应根据不同的品种、规格及用途分别妥善存放,对容易受潮、锈蚀的材料应有防雨、防潮或防锈的措施。

2.8 信息化管理

2.8.1 建设项目应加强信息化系统的使用,提升管理效率,推广应用建设管理一体化系统、无人机技术、桥涵建筑信息模型(Building Information Modeling, BIM)技术、张拉和压浆数据远程监控技术、隐蔽工程管理技术、二维码技术、桥涵健康监测技术、架桥机预警技术、大型设施设备实时应力监测技术等先进信息化管理手段。

2.9 环境保护和水土保持

2.9.1 桥涵工程开工前,施工单位应结合建设项目环境影响评价、水土保持方案等报告或批复文件要求制订桥涵工程环保和水保方案,并随同施工方案同时上报监理单位、建设单位审查和审批,并应在施工中落实各项具体保护措施。

2.9.2 施工期间施工单位应严格按照《中华人民共和国环境噪声污染防治法》和现行《建筑施工场界环境噪声排放标准》(GB 12523)的要求,合理安排施工方式和施工时间。应尽量采用低噪声的桩基施工、钢筋加工、混凝土拌和设备,必要时应采取综合降噪措施。

2.9.3 施工单位不得焚烧废弃物以及有可能产生有毒、烟尘、臭气的物质。

2.9.4 施工单位应对施工场地直射光线和电焊眩光进行有效控制或遮挡。

2.9.5 桥涵桩基钻孔施工泥浆宜进行循环处理后重复使用,减小废弃排放量。环境和水质敏感区段应采用泥沙分离器进行泥浆的循环。施工完成后废弃的钻渣、泥浆宜外运妥善处理,不得随意排放。水中作业时应采取必要措施避免泥浆、油脂污染水体。

2.9.6 桥涵施工产生的弃土、混凝土废料、钢筋废料等固体废弃物应依照建筑垃圾和弃土的有关规定及时妥善处理。桥下场地复绿、排水系统应与桥梁主体结构施工同步实施。

2.9.7 桥涵施工场地平整时应结合地形设置场坪坡度,并结合永久排水设施设置场区临时排水设施,防止施工场区积水、水土流失和环境污染。

2.9.8 混凝土运输车辆不应满载,一般不宜超过90%,车辆行进过程中应保持匀速,避免紧急制动,运输车导料槽底口应设置兜料装置,防止导料槽内残余混凝土沿途撒落。

2.9.9 施工单位应对预制场进行合理规划,预制场内应设置集中排水沟和废水沉淀池,养护用水宜循环利用。

2.9.10 混凝土浇筑时应做好用料计划,余料应制成小型预制构件或采用其他措施加以利用,不得随意倾倒。

2.9.11 构件保湿、保温养护的土工布、塑料膜应回收集中处理,不得随意丢弃。

2.9.12 旧桥拆除时应做好环境保护和回收利用,推荐采用液压绳锯切割机或高压水射流切割等设备切割,减少对周边环境的大气、噪声污染。拆除后的混凝土经破碎处理后可用作便道填料,废旧钢筋可回收处理。

3 通用技术

3.1 一般规定

3.1.1 桥涵工程用钢筋、模板、支架、混凝土、预应力工程材料和设备均应符合国家和行业现行有关标准的规定,符合设计文件的要求,进场时应按现行相关标准和规范的规定进行验收。

3.1.2 钢筋加工设备和工艺、模板和支架材料、混凝土施工设备和工艺、预应力张拉和压浆设备及工艺等具体要求宜在施工招标文件中明示。

3.1.3 建设单位、监理单位应重点加强对钢筋数量、保护层厚度和连接质量,混凝土碳化深度、预应力质量的管控。

3.1.4 施工单位应编制爬模、翻模、移动模架、挂篮、满布式支架、贝雷架及钢管柱支架工程等专项施工方案(含拆除方案),并附有受力计算书、主要节点构造详图等。专项施工方案必须经施工企业技术负责人签认,并按规定论证、审批后方可实施。

3.1.5 遇大雨、大雾或6级及以上风力等恶劣天气时,应停止露天高处作业和高空吊运作业;爬模、翻模、移动模架及挂篮的安装、爬升和移动不得在夜间进行。

3.2 钢筋

3.2.1 一般要求

1 开工前施工单位应认真核对设计文件中的钢筋布置图、钢筋大样图、钢筋明细表、钢筋工程数量汇总表以及钢筋工程量清单,熟悉设计文件对钢筋加工与安装的具体要求。

2 钢筋应具有出厂合格证和质量检验报告,进场时除应检查其外观和标志外,还应按不同的钢种、等级、牌号、规格及生产厂家分批抽取试样进行力学性能检验,检验试验方法及频率应符合现行国家标准的规定。钢筋经进场检验合格后方可使用。

3 钢筋进场后,施工单位应进行自检,监理单位应按频率进行抽检。

4 钢筋的加工应在钢筋加工场集中进行,钢筋加工场宜采用封闭式管理。

5 钢筋加工场内应按原材料堆放区、钢筋下料区、加工制作区、半成品堆放区、成品待检区、合格成品区、废料处理区等进行科学合理分区并标识清晰。场内钢筋应做好防潮、防锈措施。

6 钢筋骨架的成品、半成品宜采用平板车或专用车辆运输。

3.2.2 钢筋加工

1 钢筋的表面应洁净、无损伤,带有颗粒状或片状老锈的钢筋不得使用;加工前应将表面的油渍、漆皮、鳞锈等清除干净,除锈后表面有严重的麻坑、斑点,已伤蚀截面的钢筋不得使用。

2 钢筋应平直、无局部弯折,成盘的钢筋和弯曲的钢筋在加工前均应调直。钢筋调直应采用调直机,不得利用卷扬机等设备拉伸调直钢筋;成盘的螺纹钢筋应采取措施,避免调直后出现扭曲现象。

3 钢筋下料、加工前应根据设计文件和施工技术规范要求对钢筋的下料长度、连接接头的设置等进行设计计算,避免出现不必要的接长、连接长度不足、接头位置不符合要求、弯曲角度不满足设计要求等现象。

4 钢筋下料时,切口端面应与钢筋轴线垂直,不得有马蹄形或挠曲,不符合要求时应将钢筋端头切掉,保证端面平整、垂直,不得直接用剪断机剪断或用气割切割。

5 钢筋加工应采用数控钢筋弯曲中心(图3.2.2-1)、数控钢筋弯箍机等数控化机械设备,推荐采用数控钢筋切割车丝一体机等智能化加工设备加工(图3.2.2-2),限制使用人工弯曲等简单设备进行钢筋下料、半成品加工。

图 3.2.2-1 数控钢筋弯曲中心　　　　图 3.2.2-2 数控钢筋切割车丝一体机

6 钢筋的弯制和端部的弯钩应符合设计要求,设计未要求时,应符合现行《公路桥涵施工技术规范》(JTG/T 3650)的规定。

7 钢筋弯曲加工时,应按设计一次弯曲成型,不得反复弯折或调直后再弯,不得热弯成型。

8 预制构件的吊环,必须采用未经冷拉的热轧光圆钢筋制作,且其使用时的设计计算拉应力应不大于65MPa。

3.2.3 钢筋连接

1 钢筋采用机械连接方式时,连接接头应符合现行《钢筋机械连接技术规程》(JGJ 107)、《钢筋机械连接用套筒》(JG/T 163)、《公路桥梁锥套锁紧钢筋接头技术指南》(T/CHTS 10005)的规定(图3.2.3-1)。

图3.2.3-1 锥套锁紧钢筋接头

2 钢筋丝头加工后应标注套筒拧入位置,并采用与其尺寸匹配且密贴的塑料保护套保护防锈,不得使用套筒代替保护套。连接后两端钢筋轴线应保持一致。

3 受力钢筋的连接接头应设置在内力较小区段,并应错开布置。

4 钢筋的焊接接头不得采用闪光对接焊。

5 钢筋在加工场内焊接时,应采用二氧化碳保护焊焊接工艺(图3.2.3-2、图3.2.3-3)。施工现场有条件时,宜采用二氧化碳保护焊焊接工艺。

图3.2.3-2 二氧化碳保护焊焊机　　　　图3.2.3-3 二氧化碳保护焊焊接

6 钢筋焊接宜采用双面焊缝。采用搭接焊时,连接后两端钢筋轴线应保持一致;采用帮条焊时,帮条应采用与主筋相同的钢筋。

7 钢筋直螺纹接头的连接安装应符合下列规定:

1)套筒安装时可采用管钳扳手施拧紧固,被连接钢筋的接头应在套筒中心位置相互顶紧,标准型、正反丝型、异径型接头在安装后其单侧外露螺纹宜不超过$2p$(p为螺纹的螺距）。

2）接头安装完成后，应采用扭力扳手校核套筒拧紧力矩，最小拧紧力矩应符合现行《公路桥涵施工技术规范》(JTG/T 3650)的规定。

8 钢筋套筒挤压接头的连接安装应符合下列规定：

1）被连接钢筋的端部不得有局部弯曲、严重锈蚀和附着物。

2）钢筋端部应有挤压套筒后可检查钢筋插入深度的明显标记，钢筋端头与套筒长度中点的距离宜不超过10mm。

3）应从套筒中心开始依次向两端挤压；挤压后，对压痕直径或套筒长度的波动范围应采用专用量规进行检验。

4）挤压连接后，压痕处的套筒外径应为原套筒外径的0.80~0.90倍，套筒长度应为原套筒长度的1.10~1.15倍，且套筒不得有可见裂纹。

3.2.4 钢筋绑扎和安装

1 钢筋骨架宜采用胎架法安装，准确定位骨架各种钢筋位置，保证骨架钢筋的数量、间距、保护层和外观线形。钢筋骨架安装完成后，宜采用型钢吊架进行整体吊装。

2 钢筋交叉点应采用双丝绑扎结实，必要时可采用点焊焊牢，相邻交叉点绕丝方向应呈X形交替，扎丝丝头应弯向结构内部，不得进入混凝土保护层内。结构或构件拐角处的钢筋交叉点应全部绑扎；中间平直部分的交叉点可交错绑扎，但绑扎的交叉点宜占全部交叉点的40%以上。

3 钢筋安装时，架立钢筋、短钢筋等辅助钢筋的端头不得伸入混凝土保护层内。半成品钢筋和钢筋骨架采用整体方式安装时，宜设置专用胎架或卡具等进行辅助定位，安装过程中应采取保证整体刚度及防止变形的措施。

4 钢筋保护层控制宜使用专门制作的定型高强度砂浆或混凝土垫块，垫块强度不得低于结构本体混凝土强度，其材料中不得含有对本体混凝土产生不利影响的成分。

5 保护层垫块应绑扎牢固，避免布置在同一断面，垫块在结构或构件侧面和底面所布设的数量应不少于4个/m²，重要部位宜适当加密。

6 圆形墩柱、桩基钢筋笼的制作、运输与安装应符合下列规定：

1）钢筋笼主体骨架应在胎架上焊接完成，利用滚箍机缠绕并焊接螺旋箍筋（图3.2.4-1、图3.2.4-2），亦可采用钢筋笼滚焊机一次加工成型，不宜采用传统手工绑扎安装方式就地制作。

2）分段制作的钢筋笼应分节编号，安装时应按编号顺序连接。

3）钢筋笼主筋一般应采用机械连接，主筋连接端头均应做好套筒定位标记（半丝标记），分段钢筋笼连接后应同时满足主筋顶紧、套筒居中和拧紧力矩的要求。

4）钢筋笼保护层垫块应按设计图纸执行，设计图纸未规定时，宜采用定型混凝土滚轮，滚轮强度不得低于桩身强度等级且不得低于C30，厚度不宜小于4cm，滚轮宜采用直径不小于10mm的穿心钢筋焊接在主筋上，滚轮布置间距在竖向不得大于2m，横向沿周长不得少于4个。

图 3.2.4-1 自动滚箍机加工钢筋笼

图 3.2.4-2 自动滚箍机加工钢筋笼成品

5）施工单位应结合项目施工要求、施工条件、桩柱设计图纸等科学制订施工组织计划，合理确定钢筋笼的制作时机和分节长度。

6）成品钢筋笼的存放时间不宜超过1个月，存放时底部应设置固定防滚动装置，钢筋笼叠放时不得超过2层。

7）在吊装、运输前，钢筋笼应设置临时加固支撑装置，如半圆固定胎架等。钢筋笼中间段宜每隔2m（与设计加强环筋对应位置）布置一道临时加劲内支撑，钢筋笼临时内支撑的钢筋规格宜与主筋相同。

7 混凝土浇筑后，对外露时间较长的预留（埋）钢筋，应采取合适的防锈方式进行保护，如对外露钢筋进行包裹、涂刷防锈材料等，防锈材料不得使用含亚硝酸盐类的钢筋阻锈剂。

3.3 模板、支架

3.3.1 一般要求

1 模板和支架均应进行专项施工图设计，应具有足够的强度、刚度和稳定性，能承受施工过程中所作用的各种荷载，专项施工方案应报监理单位审查，经批准后方可用于施工。

2 模板、支架的设计宜优先采用标准化、定型化的构件。

3 模板的板面应光洁、平整，接缝处应严密且不漏浆；支架应稳定、坚固；重复使用的模板、支架应经常检查、维修。

4 钢模板进场前应先进行预拼装，验收合格后用油漆标记拼装顺序号。安装前应抛光打磨，清除污垢，涂刷脱模剂。脱模剂在同一结构宜采用同一品种，不得使用废机油及其混合物，不得污染钢筋及混凝土的施工缝。

5 桥涵工程用钢模板面板板材厚度应不小于6mm，推荐采用不锈钢面板整体轧制复合模板。

6 模板涂好脱模剂后应及时安装，不能及时安装时应进行覆盖。

7 在混凝土结构仰面倒角等容易产生气泡的部位，宜在模板表面粘贴混凝土透水模板布。

8 桥涵工程施工作业平台、通道、上落梯应保证作业和通行空间，四周挂设防护网，立面防护网采用过塑钢丝网，并安装牢固、保持完好；平台板应满铺并固定，平台板和踏步应有防滑措施。

9 监理单位应建立模板进场审查制度。组织对进场模板进行验收，部分对混凝土结构物外观、线形要求较高的悬浇梁、薄壁墩、预应力盖梁等应组织到厂家进行验收，并进行现场试拼，建设单位应参与验收工作。

10 监理单位应建立支架安装（含预压）及拆除专项验收制度，并对达到《广东省高速公路工程施工安全标准化指南》规定的一定风险等级支架的安装及拆除进行专家审查，重大或关键控制性工程由建设单位组织论证、审查。

3.3.2 模板制作与安装

1 模板的配板宜选用大规格的模板作为主板，其他规格的模板作为补充，配板后的板缝应规则，不得杂乱无章；模板开孔时应采用机械钻孔，且应布置规则、整齐，不得采用焊割或气割。

2 模板安装使用的对拉杆应外套 PVC 管，保证对拉杆的拆卸和重复使用。宜采用锥形螺母对拉杆。

3 安装模板时，应设置防倾覆的临时固定设施，且不宜与脚手架连接，避免受震动导致移位。不得将模板固定于结构钢筋上。

4 梁、板等结构的底模应按设计要求和施工规范规定设置预拱度。

5 模板安装后如不能立即浇筑混凝土时，应预留出渣口，在浇筑混凝土前清理完模板内杂物后封堵。

6 小型混凝土预制构件模板应使用高强度塑料模板，为避免因混凝土收缩或灌注高度不足引起预制块厚度尺寸不足的情况，模板高度宜加高 5mm。

7 在模板上设置的吊环应采用 HPB300 钢筋，不得采用冷加工钢筋制作。

3.3.3 支架制作与安装

1 支架宜采用标准化、系列化、通用化的钢构件制作拼装。满布式支架应优先选用盘扣式支架（图 3.3.3-1、图 3.3.3-2）等定型产品，限制使用碗扣式、扣件式支架，不得使用门式支架、竹木支架。

图 3.3.3-1 盘扣式支架

图 3.3.3-2 盘扣式支架节点

2　满布式支架基础施工前应检验地基承载力,不满足设计要求时应先进行地基处理,特别注意对软基地段的地基处理,地基处理之后,经检测承载力符合方案要求后方可进行混凝土基础施工。

3　满布式支架基础宜采用厚度不小于15cm的C20以上混凝土硬化。采用满布式支架时监理单位应对支架地基排水措施进行验收。

4　采用钢管柱及贝雷架支架时,钢管柱、横向分配梁、贝雷架及钢梁的关键部位、受力点的焊缝应经检验检测,符合现行《钢结构焊接规范》(GB 50661)的相关要求方可使用。

5　支架应按支架搭设相关规范规定和施工图设计的要求进行安装,支架在纵桥向和横桥向均应加强水平、斜向支撑连接,增强支架的整体刚度和稳定性。

6　支架宜根据其结构形式、所用材料和地基情况的不同,按照现行《公路桥涵施工技术规范》(JTG/T 3650)的规定进行预压。

7　支架应结合模板的安装考虑设置预拱度和卸落装置。

3.3.4　模板、支架拆除

1　模板、支架的拆除期限和拆除程序等应严格按照其相应的施工图设计的要求进行,应遵循后支先拆、先支后拆的原则,自上而下进行,且应先拆非承重模板,后拆承重模板。

2　非承重侧模板应在混凝土抗压强度达到2.5MPa以上,且能保证表面及棱角不致因拆模而损坏时方可拆除。

3　钢筋混凝土结构的承重模板、支架应在混凝土强度能承受其自重荷载及其他可能的叠加荷载时,方可拆除。预应力混凝土结构的侧模应在预应力钢束张拉前拆除;底模及支架应在结构建立预应力后方可拆除。

4　支架应按拟定的程序进行卸落,纵向应对称均衡卸落,横向应同时卸落,卸落时尚应符合下列要求：

1）卸落时应设专人用仪器观测变化情况,并详细记录。

2）简支梁、连续梁的模板宜从跨中向支座依次循环卸落,悬臂梁结构的模板宜从悬臂端开始按顺序卸落。

3.4　混凝土工程

3.4.1　一般要求

1　公路桥涵工程混凝土宜使用非碱活性集料,当条件不具备时,其他材料中的碱含量及混凝土中的最大总碱含量应符合现行《公路桥涵施工技术规范》(JTG/T 3650)的相关规定。

2　不得对混凝土进行随意修饰,确因混凝土表面存在外观缺陷且不影响主体结构质量时,应经过主体工程质量验收且报经监理单位审核同意后方可进行修饰,修饰前应拍照存档,修饰材料的色泽应与主体结构基本一致。

3.4.2 水泥

1 水泥应采用品质稳定的硅酸盐水泥或普通硅酸盐水泥，应符合现行国家标准《通用硅酸盐水泥》（GB 175）的规定。

2 公路桥涵混凝土工程宜采用散装水泥，散装水泥在工地应采用专用水泥罐储存，水泥罐应设置水泥温度监测设备并采取水泥降温措施和防尘措施。

3.4.3 集料

1 细集料宜采用级配良好、质地坚硬、颗粒洁净的河砂，不得采用海砂；当河砂不易得到时，可采用符合规定的天然砂或硬质岩石加工的机制砂。当采用机制砂时，机制砂的生产、质量检验等应符合现行《广东省公路工程机制砂水泥混凝土应用技术规范》（GDJTG/T B01）的规定。

2 施工单位每季度应对细集料氯离子含量指标进行1次自检（或外委检测），且建设单位和监理单位视情况增加氯离子含量技术指标检测项目。

3 重要工程的混凝土用砂宜选用中砂，细度模数宜为2.9~2.6。

4 粗集料宜采用质地坚硬、洁净、级配合理、粒形良好、吸水率小的碎石或卵石，施工前应对所用的粗集料进行碱活性检验。

5 公路桥涵混凝土工程用碎石压碎值指标宜按照现行《建设用卵石、碎石》（GB/T 14685）相关规定及设计文件的要求执行，其他指标应符合现行《公路桥涵施工技术规范》（JTG/T 3650）相关要求。

6 桥面整体化层、C50及以上强度等级混凝土粗集料应采用反击破碎石。

7 砂石材料存储应严格分区，并加强集料含水率的检测，确保集料含水率稳定。

8 拌和楼料斗应采取加高料斗间挡板高度，加宽料斗或缩窄铲斗方式，保证铲车铲斗长度小于料斗宽度，防止窜料。

3.4.4 水

1 混凝土拌制用水水质应符合现行《混凝土用水标准》（JGJ 63）的相关指标，并上报监理单位审查，经批复同意后方可使用。

3.4.5 外加剂和掺和料

1 外加剂应采用品质稳定，且与水泥、矿物掺和料之间具有良好相容性的产品。外加剂、掺和料应符合现行《混凝土外加剂》（GB 8076）和《公路工程水泥混凝土外加剂与掺合料应用技术指南》的相关要求。配合比设计前，应进行外加剂相容性的检测。

2 外加剂应使用水剂，采用专用储存罐避光储存，并加设效果良好的循环搅拌装置。

3 不得使用超过储存期限或在储存期限内变质、结硬、污染和混杂的外加剂。对于进场3个月以上或对质量有怀疑的外加剂，应重新进行复检，经检验合格后，方可使用。

4 减水剂宜采用聚羧酸类减水剂，性能指标应符合现行《混凝土外加剂》（GB 8076）的规定，减水剂掺量以及与水泥的适用性应由试验确定，含气量不宜大于3.0%。

5 C40及以上强度等级的混凝土应采用聚羧酸类减水剂。

6 混凝土中需要掺用粉煤灰时，应符合下列规定：

1）粉煤灰出厂前按同种类、同等级编号和取样,生产厂家应按规范进行出厂检验和型式检验,并出具检验报告。

2）施工单位、监理单位应对粉煤灰的技术指标及成品稳定性进行检测,并在施工过程中,对其性能指标和稳定性进行检查。

3）散装粉煤灰应提供卡片,包括产品名称、分类、等级、净含量、批号、执行标准号、生产厂名称和地址、生产日期。袋装粉煤灰的包装袋上应标明与散装粉煤灰卡片相同的内容。

4）粉煤灰在运输与储存时不得受潮和混入杂物,同时应防止污染环境。

7 混凝土中需要掺用粒化高炉矿渣粉、硅灰等掺合料时,其掺入量应在使用前通过试验确定。掺合料的技术要求应符合现行《公路桥涵施工技术规范》(JTG/T 3650)的规定。

3.4.6 混凝土配合比

1 混凝土的配合比应采用质量比,并应通过计算和试配选定。施工单位通过设计和试配确定的配合比,应经监理单位批准后方可使用,且应在混凝土拌制前将理论配合比换算为施工配合比。

2 桩基混凝土配合比、需长距离运输的混凝土配合比应根据现场施工环境及施工工艺要求,进行坍落度损失试验和混凝土凝结时间试验。

3 当施工工艺、施工条件或原材料质量等发生明显变化时,应重新进行配合比设计;混凝土的配合比至少每半年进行一次复核试验。

4 高强度混凝土(C60 及以上)、高塔泵送混凝土、特种混凝土(抗渗、耐腐蚀)等混凝土配合比宜由监理单位组织召开专家会议论证审查。

3.4.7 混凝土的拌制

1 桥涵工程用混凝土应在拌和站集中拌和。

2 施工单位应经常性打印混凝土生产配合比,进行分析核查,监理单位应经常核查生产配合比情况,发现问题应及时分析原因,采取措施进行处理。

3 粉煤灰混凝土拌和物搅拌时间应通过试拌确定,拌和时间宜比未掺加粉煤灰混凝土延长 10～30s。

3.4.8 混凝土运输

1 运输能力应与混凝土的凝结速度和浇筑速度相匹配,应使浇筑工作不间断且混凝土运到浇筑地点时仍能保持其均匀性及适宜浇筑的坍落度。

2 混凝土的运输宜采用搅拌运输车,或在条件允许时采用泵送方式输送;采用吊斗或其他方式运输时,运距不宜超过100m且不得使混凝土产生离析。

3.4.9 混凝土浇筑

1 浇筑混凝土前,应清理干净模板内的杂物、积水及钢筋上的污物,并对支架、模板、钢筋和预埋件等进行检查,做好记录,符合设计要求后方可进行浇筑。

2 自高处向模板内倾卸混凝土时,应防止混凝土离析。直接倾卸时,其自由倾落高度不宜超过2m;超过2m时,应通过串筒、溜管(槽)或振动溜管(槽)等设施下落;倾落高度超过10m,应设置减速装置。

3　混凝土下料前应均匀、合理设置下料点，按规范要求严格控制混凝土布料厚度，不得使用振动棒"赶"料，保证混凝土均匀性，保证每层混凝土充分振捣。

4　混凝土应按一定的厚度、顺序和方向分层浇筑，应在下层混凝土初凝或能重塑前完成上层混凝土浇筑。上下层同时浇筑时，上层与下层的前后浇筑距离应保持在1.5m以上；在倾斜面上浇筑混凝土时，应从低处开始逐层扩展升高，并保持水平分层。混凝土分层浇筑厚度应符合现行《公路桥涵施工技术规范》(JTG/T 3650)的规定。

5　应配置足够、熟练的振捣作业工人，并根据混凝土浇筑情况科学合理地设置振捣作业点，保证混凝土振捣及时、均匀；对于结构钢筋、预应力管道密集部位，应适当降低混凝土的下料速度，使用小直径振动棒进行振捣，并合理控制振捣持续时间，确保混凝土振捣效果。

6　**混凝土的浇筑应连续进行，因故中断且间歇时间超过规范允许时间时，应按要求留置施工缝**。施工缝的位置应在混凝土浇筑之前确定，且宜设置在结构受剪力和弯矩较小并便于施工的部位，同时应考虑施工缝对外观质量的影响。

7　对施工缝的处理应符合下列规定：

1）应凿除施工缝混凝土表面的光滑表层和松弱层，露出新鲜粗集料。

2）预制梁湿接缝、小型构件和薄壁构件接缝部位不宜采用大功率风镐凿毛，避免造成损伤。

3）采用水冲洗凿毛时，施工缝处混凝土强度应达到0.5MPa以上；采用人工凿毛时，混凝土强度应达到2.5MPa以上；采用风动机凿毛时，混凝土强度应达到10MPa以上。

4）**不得采用在混凝土表面划痕、插捣或以粘贴凿毛贴的方式代替凿毛。**

5）经凿毛处理后的混凝土面在浇筑后续混凝土前应采用洁净水冲洗干净，并保证混凝土凿毛面湿润，但不得有积水。

6）对重要部位及有抗震要求的混凝土结构或钢筋稀疏的钢筋混凝土结构，宜在施工缝处补插适量的锚固钢筋，补插的锚固钢筋直径可比结构主筋小一个规格，间距宜不小于150mm，插入和外露的长度均不宜小于300mm；有抗渗要求的混凝土，其施工缝宜做成凹形、凸形或设置止水带。

7）施工缝为斜面时宜浇筑成或凿成台阶状。

8　混凝土分次浇筑或预留施工缝时，相邻混凝土间的浇筑间歇期应尽量缩短，以减少新旧混凝土之间的收缩差。

9　混凝土构造物浇筑完成后不得随意粉饰，拆模后应保持原状，不得破坏混凝土光洁面。

3.4.10　混凝土养护

1　混凝土收浆后应尽快采用透水土工布和薄膜覆盖并洒水保湿养护。干硬性混凝土、高强度和高性能混凝土、炎热天气浇筑的混凝土以及桥面等大面积裸露的混凝土应加强初始保湿养护。

2　**对于不能采用覆盖或包裹方式养护的构件，应尽可能采用自动喷淋养护装置养护，**

或采用经现场验证、效果较好的喷洒养护剂方式,混凝土养护剂有关性能要求应符合现行《公路工程混凝土养护剂》(JT/T 522)的要求;对于人工养护方式,施工单位应加强监管,保证洒水养护到位。

3 养护水温与结构混凝土表面温度差宜控制在12℃内,防止温差过大引起结构混凝土表面温度骤降而产生温缩裂缝。

4 混凝土表面有模板覆盖时,应在养护期间使模板保持湿润。拆除模板后,应对混凝土进行覆盖和洒水养护,直至达到规定的养护期限;在低温、干燥或大风环境下拆除模板时,应采取必要的覆盖、保温等措施,防止混凝土表面产生裂缝。

5 混凝土的洒水保湿养护时间应不少于7d,对重要工程或有特殊要求的混凝土,应酌情延长养护时间,高性能混凝土养护时间不少于14d,养护期内应保证混凝土结构表面始终处于湿润状态。

3.4.11 大体积混凝土施工

1 大体积混凝土在选用原材料和进行配合比设计时,应按降低水化热温升的原则进行,并应符合下列规定:

1)宜选用低水化热和凝结时间长的水泥品种。粗集料宜采用连续级配,细集料宜采用中砂。宜掺用可降低混凝土早期水化热的外加剂和掺和料,外加剂宜采用缓凝剂、减水剂;掺和料宜采用粉煤灰、粒化高炉矿渣粉等。

2)进行配合比设计时,在保证混凝土强度、和易性及坍落度要求的前提下,宜采取改善粗集料级配、提高掺合料和粗集料的含量、降低水胶比等措施,减少单方混凝土胶凝材料中的水泥用量。

3)大体积混凝土进行配合比设计及质量评定时,可按60d龄期的抗压强度控制。

2 大体积混凝土的施工应提前制订专项施工方案,并应对混凝土采取温度控制措施。大体积混凝土的浇筑、养护和温度控制应符合下列规定:

1)施工前应根据原材料、配合比、环境条件、施工方案和施工工艺等因素,进行温控设计和温控监测设计,并应在浇筑后按该设计要求对混凝土内部和表面的温度实施监测和控制。对大体积混凝土进行温度控制时,应使其内部最高温度不高于75℃,内表温差不大于25℃,混凝土表面与大气温差不大于20℃。

2)大体积混凝土可分层、分块浇筑,分层、分块的尺寸宜根据温控设计的要求及浇筑能力合理确定;当结构尺寸相对较小或能满足温控要求时,可全断面一次浇筑。

3)分层浇筑时,在上层混凝土浇筑之前应对下层混凝土的顶面作凿毛处理,且新浇混凝土与下层已浇筑混凝土的温差宜小于20℃,并应采取措施将各层间的浇筑间歇期控制在7d以内。

4)分块浇筑时,块与块之间的竖向接缝面应平行于结构物的短边,并应在浇筑完成拆模后按施工缝的要求进行凿毛处理。分块施工所形成的后浇段,应在对大体积混凝土实施温度控制且其温度场趋于稳定后方可浇筑;后浇段宜采用微膨胀混凝土,并应一次浇筑完成。

5）大体积混凝土的浇筑宜在气温较低时进行，但混凝土的入模温度应不低于5℃；热期施工时，宜采取措施降低混凝土的入模温度，且其入模温度宜不高于28℃。

6）大体积混凝土的温度控制宜按照"内降外保"的原则，对混凝土内部采取设置冷却水管通循环水冷却，对混凝土外部采取覆盖蓄热或蓄水保温等措施。在混凝土内部通水降温时，进出口水的温差宜小于或等于10℃，且水温与内部混凝土的温差宜不大于20℃，降温速率宜不大于2℃/d；利用冷却水管中排出的降温用水在混凝土顶面蓄水保温养护时，养护水温度与混凝土表面温度的差值应不大于15℃，养护结束后采用水泥浆封堵冷却管。

7）大体积混凝土采用硅酸盐水泥或普通硅酸盐水泥时，其浇筑后的养护时间宜不少于14d，采用其他品种水泥时宜不少于21d。在寒冷天气或遇气温骤降天气时浇筑的混凝土，除应对其外部加强覆盖保温外，尚宜适当延长养护时间。

3.4.12 商品混凝土

1 如使用商品混凝土，建设单位及监理单位应明确商品混凝土厂家准入、原材料及生产过程控制、到场检测验收等管理要求。

2 商品混凝土生产配合比应由施工单位自行设计，并经平行复核及监理工程师审批。

3 商品混凝土应实行专机、专仓专用制度，同时做好对拌和机称重计量系统的期间核查工作。

3.4.13 钢筋保护层检测

1 检测单位宜在混凝土拆模后的3d内进行钢筋保护层检测，及时掌握施工质量。

2 钢筋保护层厚度现场检测一般采用电磁感应法或雷达法检测，当检测结果有异议，经参建各方同意可通过局部开窗破检的方法进行验证。

3.4.14 混凝土回弹强度检测

1 混凝土施工完毕后，施工单位和检测单位应进行早期回弹强度检测，及时掌握工程实体质量情况。

3.5 预应力工程

3.5.1 一般要求

1 建设单位应加强预应力工程施工质量管理，并遵循以下原则：

1）建设单位应督促施工、监理、设计等单位加强预应力施工质量管理，严格落实质量责任制，制定相应的施工质量管理措施，规范统一预应力施工作业标准。

2）建设单位应加强预应力施工质量检测和验收管理，制定相应的施工质量管理措施，规范统一预应力施工作业标准，并按规定委托有资质的检测单位对有效预应力及孔道压浆质量进行抽检。

3）建设单位应及时组织协调解决预应力张拉压浆施工中出现的问题。

2 监理单位应加强预应力工程施工现场监理，并遵循以下原则：

1）监理单位应加强对预应力施工的现场监理，督促施工单位落实各环节质量责任。

2）预应力张拉压浆施工和检测应严格进行现场旁站监理，做好旁站监理记录。

3）桥梁专业监理工程师和旁站监理人员应对有效预应力不足、孔道压浆不密实等问题的处理全过程进行跟踪监管。

3 施工单位应加强预应力工程施工质量控制，并遵循以下原则：

1）施工单位应建立完善质量保证体系，明确各工序责任分工，严格落实质量责任制。

2）预应力施工前应对操作人员进行培训；预应力张拉施工时，应由专人负责指挥。

3）张拉操作人员应尽量保持稳定，人员更换后应重新进行培训、交底。

4）预应力张拉、压浆施工应严格执行首件验收制度。一般的预制或现浇梁板预应力张拉压浆施工可在构件首件验收总结材料中进行重点分析和总结；长度大于60m的曲线段长束预应力张拉及孔道压浆施工应单独进行综合分析和总结。在对首件进行总结并完善施工方案后方可大面积施工。

4 桥梁预应力施工应全面采用智能张拉及压浆技术，特殊情况下不能使用时应报监理单位审批同意。

5 预应力张拉作业时应设置警戒区域，放置安全警示标牌。后张法张拉端应设置移动式张拉挡板（图3.5.1），内侧宜设置厚度为18mm的木板，外侧宜设置厚度不小于5mm的钢板。

图3.5.1 移动式张拉挡板

6 建设单位应加强预应力施工质量检测和验收管理，制订相应的施工质量管理措施，规范统一预应力施工作业标准，并按规定委托有资质的检测单位对有效预应力及孔道压浆质量进行抽检。

3.5.2 预应力材料

1 预应力材料应保持清洁,在存放和搬运过程中应避免使其产生机械损伤和有害的锈蚀。如进场后需长时间存放时,应安排定期外观检查。

2 预应力筋、锚具、夹具、连接器、波纹管、压浆剂(料)进场后应存放在干燥、防潮、通风良好、无腐蚀气体和介质的仓库内,且应采取下垫上盖的防潮措施。预应力筋、波纹管存放时间不宜超过6个月;锚具、夹具、连接器存放时间不宜超过1年。

3 压浆剂(料)在存放期内应保持包装完好,超过保质期的不得使用。

4 锚具、夹具和连接器应按批进行进场外观检验、尺寸检验、硬度检验;同时还应进行静载锚固性能试验,不同规格的锚具不得少于1次。

5 预应力筋锚具应按设计要求采用,锚具应满足分级张拉、补张拉以及放松预应力的要求。用于后张结构时,锚垫板宜设置锚具对中止口以及压浆孔或排气孔,压浆孔的内径不宜小于20mm,以保证浆液的畅通。

6 预应力筋用锚具产品应配套使用,同一结构或构件中应采用同一生产厂的产品,工作锚不得作为工具锚使用。夹片式锚具的限位板和工具锚宜采用与工作锚同一生产厂的配套产品。

7 预应力筋管道宜采用金属波纹管或塑料波纹管,不得采用胶管抽芯法预留管道;金属波纹管相关指标应符合现行《预应力混凝土用金属波纹管》(JG/T 225)的要求,塑料波纹管相关指标应符合现行《预应力混凝土桥梁用塑料波纹管》(JT/T 529)的要求。

8 预应力金属波纹管应采用增强型镀锌波纹管,其壁厚应与管径相匹配,且满足相关规范要求;波纹管的连接管宜采用大一级直径的同类管道,其长度宜为被连接管道内径的5~7倍,且连接处宜用密封胶带封口,确保不漏浆。

9 后张法预应力孔道应采用专用压浆料或专用压浆剂配置的浆液进行压浆,压浆材料应由正规生产厂家生产,不得使用三无产品,不得采用以铝粉为膨胀源的膨胀剂或总碱量在0.75%以上的高碱膨胀剂;不得采用水泥净浆进行管道压浆。

10 施工单位应进行压浆浆液实验室试配、生产配合比验证,经试配的浆液其各项性能指标均满足规范要求后方能使用,监理单位应进行平行验证试验。

3.5.3 预应力筋加工与安装

1 预应力筋的制作应在专门的加工车间或工作台上进行,保证钢绞线(钢丝束)下料长度准确,下料专用平台表面应平整、光洁,以避免刮伤和污染预应力筋;预应力筋在室外下料时,不得直接置于地面,应支垫并遮盖,以防锈蚀。

2 预应力筋的下料长度应通过计算确定,计算时应考虑结构的孔道长度或台座长度、锚夹具厚度、千斤顶长度、镦头预留量、冷拉伸长值、弹性回缩值、张拉伸长值和张拉工作长度等因素。

3 预应力筋的切割应采用切断机或砂轮锯,不得采用电弧切割或气割。

4 制作预应力筋时应对整束和束中各单根钢绞线(钢丝束)进行编号,且每根力筋两端编号应相同,并与锚具各孔编号对应,施工过程中应加强对编号标识的保护。

5　预应力筋下料完成后,应在梳编作业平台上进行梳束、编束,钢束每隔1～1.5m绑扎一次,保证各根预应力钢束相互平行、顺直。

6　预应力波纹管应采用固定架安装,管道位置应严格按设计坐标用定位钢筋固定,确保波纹管准确定位。浇筑混凝土之前,圆形波纹管宜预穿衬管,扁波纹管宜穿入数根小衬管,防止波纹管在浇筑混凝土时挤压变形、漏浆而堵塞。

7　负弯矩预应力波纹管端部宜预留伸出长度5～10cm并包裹防护,以便于后续施工连接;混凝土养护时,应封闭波纹管孔口,防止水和其他杂物进入孔道。

8　预应力筋安装原则上应采用整束穿索工艺,穿索过程中不得扭转。对于预应力筋长度较长、整束钢绞线根数较多的现浇预应力构件,可采用专门的牵引装置以保证可整束穿索(图3.5.3-1、图3.5.3-2)。

图3.5.3-1　预应力钢绞线梳编

图3.5.3-2　预应力钢绞线穿束

9　**穿束完成后应保证锚具锚孔编号和钢绞线编号对应一致,并检查整束钢绞线扭转情况。**

10　设计分批张拉的预应力筋应按阶段穿束和张拉,不得一次性全部穿束。

11　施工单位应熟悉设计文件中预应力管道定位筋和防混凝土崩裂钢筋(拉筋)的形状、规格、间距,压浆排气、排水孔位置等相关要素。预应力管道安装时定位筋间距在直线段不大于80cm,曲线段不大于40cm。

3.5.4　预应力筋张拉

1　预应力筋张拉应采用张拉应力与伸长量"双控"方式,以张拉应力为主,对伸长量进行校核。

2　**预应力施加前,施工单位应根据实测的预应力筋弹性模量和实际工作长度,重新计算预应力筋伸长值。**

3　预应力筋的实际伸长值与理论伸长值的差值应符合设计规定,设计未规定时,其偏差应控制在±6%以内。对环形筋、U形筋等曲率半径较小的预应力束,其实际伸长值与理论伸长值的偏差宜通过试验确定,设计单位应根据试验数据明确合理的允许偏差范围。

4　预应力张拉之前,施工单位应按规定对孔道摩阻和锚圈口摩擦损失率进行测试,测试结果应及时报送设计单位,与设计不符时由设计单位对张拉控制应力进行调整。

5 预应力张拉应按经批准的施工专项方案进行,张拉方式及张拉顺序应符合设计要求。张拉工艺参数应由专业技术人员进行设置,复核后方可进行张拉。张拉中如出现异常情况,应暂停张拉,待查明原因并采取措施予以调整后,方可继续张拉。

6 应根据实际情况合理选择初应力。钢束长度在30m以下时,初应力宜取$(10\sim15)\%\sigma_{con}$(σ_{con}为张拉控制力);钢束长度在30~60m时,初应力宜取$(15\sim20)\%\sigma_{con}$;钢束长度在60~100m时,初应力宜取$25\%\sigma_{con}$;钢束长度超过100m时,应通过现场试验确定。

7 预应力张拉速率宜按照张拉控制力的$(10\sim25)\%$/min增长控制,当钢束长度超过50m时,宜取10%/min。

8 预应力筋达到控制应力后的稳压持荷时间应不少于5min,当钢束长度较长时,应适当延长稳压持荷时间,钢束长度超过100m时,稳压持荷时间不宜少于15min。

3.5.5 预应力孔道压浆

1 预应力筋张拉锚固后,孔道应尽早压浆,且应在48h内完成。

2 压浆液在搅拌结束至压入管道的时间间隔不得超过40min。

3 长束和曲线管道应预设压浆观察孔,同时也作为排气孔和补浆孔,长束每隔40m左右设置一个压浆排气孔兼观察孔,在曲线管道的最高点或拐点处也应安装排气孔兼观察孔。排气孔管道应露出混凝土面30cm。

4 压浆时,对曲线孔道和竖向孔道应从最低点的压浆孔压入;对水平直线孔道可从任意一端的压浆孔压入;对结构或构件中以上下分层设置的孔道,应按先下层后上层的顺序进行压浆。同一孔道的压浆应连续进行,一次完成。压浆应缓慢、均匀地进行,不得中断,并应将所有最高点的排气孔依次打开和关闭,使孔道内排气通畅。

5 当排气孔流出规定流动度的水泥浆后,应关闭出浆口后并进行保压处理。保压压力不低于0.5MPa,保压时间为3~5min。必要时,可进行二次保压,保压时间间隔10~15min。

6 压浆完毕后,压浆阀及排气阀应待浆体基本失去流动性后方可拆除(一般在压浆后45~60min)。

3.5.6 智能张拉与压浆技术

1 为防止系统性风险,智能张拉、智能压浆设备(图3.5.6-1、图3.5.6-2)正式投入使用前,应通过计量部门配套检验,并报建设单位组织监理单位进行现场实操核验,符合要求后方可批复使用。

2 智能张拉设备应符合下列要求:

1)可同时测量预应力张拉过程中的力值和预应力筋伸长值,且力值具备测量压力表和数显指示两种读数方式,以供操作人员在张拉过程中随机复核张拉应力。

2)张拉千斤顶的额定张拉力宜为所需张拉力的1.5倍,且不得小于1.2倍。与千斤顶配套使用的压力表应选用防振型产品,其最大读数应为张拉力的1.5~2.0倍,标定精度应不低于1.0级。

3)可自动测量预应力筋锚固回缩量。

图 3.5.6-1 智能张拉设备

图 3.5.6-2 智能压浆设备

4）具有安全保护装置，在张拉过程中当施工力值超过设定力值或设备压力高于额定压力时，能自动停机并报警。

5）设备应具有良好的稳压性能，持荷时间内力值波动误差应控制在±1%以内。

6）采用两台以上千斤顶进行同步张拉时，应能同步控制各千斤顶的力值，且同步允许误差应控制在设计张拉控制力的±2%以内。

7）具有数据保护功能，可有效防止施工人员修改作业程序或采集的数据。遇到通信或设备故障，可自动采取应急措施并确保数据储存安全。

3　智能压浆设备应符合下列要求：

1）设备应具备自动压浆、压力调整、连续输出和保持压力能力，应能控制进口压力、检测出口压力，并应具备自动补压和持压时间双控功能。设备应能自动监控及记录压浆过程中的浆液水胶比、压浆压力、稳压压力、稳压时间、压浆流量等数据。

2）搅拌机的转速应不低于1000r/min，搅拌叶的形状应与转速相匹配，叶片的速度范围宜在10~20m/s，并应能满足在规定的时间搅拌均匀的要求。

3）设备在异常情况下，应具备自动报警功能。

4）具有数据保护功能，可有效防止施工人员修改作业程序或采集的数据。遇到通信或设备故障，可自动采取应急措施并确保数据储存安全。

4　为保证张拉、压浆设备使用的可靠性，施工单位应定期将设备送至国家法定计量机构进行检验，并应符合下列要求：

1）智能张拉设备的力和位移传感器、压力表应按规定每6个月且使用不超过300次送检一次，校准或检定结果应覆盖设备量程和使用范围，施工单位应严格按校准结果使用，在使用过程中应加强张拉设备的期间核查工作，保证张拉力控制和伸长量测量的准确性，建设单位应会同监理单位定期组织核查。

2）智能压浆设备的压力传感器和流量传感器应与高速制浆系统、压浆系统和控制系统整体配套进行检定或校准，检定或校准周期为6个月。

3.5.7　张拉与压浆施工质量检验

1　预应力工程的锚下有效预应力检测应符合下列要求：

1)有效预应力检测应在预应力筋张拉锚固后 24h 内进行,检测结果出来前不得切割钢绞线和灌浆。

2)检测频率为:每个预制场每种类型的前 3 片梁必检;后续生产的同类型的预制梁按 2% 的比例抽检且不少于 2 片;现浇、悬浇结构纵向预应力筋及先简支后连续结构负弯矩预应力筋抽检比例不少于 10%;竖向及横向预应力筋抽检比例不少于 5%;悬拼结构纵向、竖向及横向预应力筋抽检比例不少于 5%。检测单位资质应满足相关要求。

3)锚下有效预应力检测结果应符合设计标准;如设计无相关规定,应满足行业主管部门的相关要求。

2 孔道压浆工程应按一定频率对压浆密实情况进行检测,宜采用无损检测、内窥镜检查方法。

4 桥梁基础

4.1 一般规定

4.1.1 桥梁基础施工前应熟悉和分析施工现场的地质、水文相关资料、施工现场环境，排查施工区域内的地下管线（管道、电缆）、地下构筑物、危险建筑等的分布情况，并采取必要的措施，避免造成破坏。

4.1.2 修筑便道和施工平台的方案中应包括开挖施工对桥梁下部结构和桥下边坡稳定性影响，施工单位应验算评估，并视情况上报监理单位进行审查。

4.1.3 软土地基路段的桥台桩基应在路基填筑完成且沉降稳定后方可施工，软土地基路段的桩基施工后，监理单位和施工单位应加强桩位的复测检查。

4.1.4 受路基填筑影响的桩基，一般情况下宜先填筑路基再施工桩基。

4.1.5 柱式桥台桩基应在桥台填土和台前溜坡均达到填土设计高程且填土稳定后，方可施工桩基。

4.1.6 桩基混凝土应一次性浇筑完成。

4.1.7 拼宽桥新桥基础施工前，应实测旧桥的平面位置和高程。

4.2 灌注桩

4.2.1 一般要求

1 桩基施工平台开工前，建设单位应制定项目桥梁桩基施工管理办法，包括桩基坐标复核、地质资料复核、高程调整细则、卡钻、坍孔等状况应急处置程序、桩基终孔程序等。

2 桩基开工前，施工单位应复核设计图纸（含地质勘察报告），核查地质勘察资料，特别是地形、地质复杂区域桩基勘察资料，如有不完整或不满足施工需要的情况，应及时提出补充勘察建议。

3 桩基施工前,施工单位应制订桩基专项施工方案报监理单位审查批准。

4 监理单位应严格核查桩基开孔准备工作及条件,并对冲孔钻机的就位及配重、混凝土浇筑前桩底沉渣厚度、孔深、浇筑过程中混凝土的连续性、桩顶混凝土密实度进行重点管控。

5 在施工阶段,桩基设计桩顶高程、桩底高程应结合实际地形、地质情况进行动态调整,动态调整执行设计变更程序并经批准后实施。

6 对于工程地质、水文地质或技术条件特别复杂的灌注桩,宜在施工前进行工艺试桩,获得相应的工艺参数后再进行正式施工。

7 钻孔或挖孔时,相邻两桩孔不得同时施工,应间隔交错进行作业。

8 在岩溶区、花岗岩球状风化(孤石)发育区的嵌岩桩宜采用纵、横断面地质连线法排查地质情况;岩溶区桩基应进行逐桩钻探。

9 在砂性土或粉性土层较厚的地区,钻孔施工应采取防止地层液化、缩颈、坍孔的有效措施;在软土地区,应采取防止缩颈、坍孔的有效措施。

10 软土地区、深水桩基施工应加强对钻孔平台的经常性监测,提高钻孔桩位置的准确性。

11 冲击钻作业发生卡钻时,不得强行提升,应查明原因并妥善处理。

12 岩溶区桩孔发生漏浆、坍孔、地面塌陷等情况时,施工单位应立即停止钻孔作业,及时采取保证平台、钻机和作业人员安全的措施,情况复杂时应上报建设单位、监理单位和设计单位研究处理。

13 一般桩基终孔管理应符合下列要求:

1)每座桥梁的首根端承桩和摩擦桩桩基终孔均应由建设单位、设计单位、监理单位、施工单位四方现场确认,并签署桩基终孔确认单。其余桩基终孔由设计单位、监理单位、施工单位(桥梁工程师或地质工程师)现场确认,并签署桩基终孔确认单。

2)桩基现场终孔确认时各参与方应拍照存档,终孔确认单由各方留存一份直至工程交工。

3)桩基终孔前,经各方查验,不满足终孔条件时,设计单位应现场签署动态调整意见。

14 桩基施工作业区域应设置警戒区,泥浆池周边应设置防护栏杆,挂设过塑钢丝网。在高压线下桩基施工应满足安全距离规定,钻机塔顶和吊钢筋笼的吊机桅杆顶上方2m内不准有任何架空障碍物,钢丝绳安全系数不得小于12。

4.2.2 护筒设置

1 护筒顶高度应符合下列要求:

1)护筒顶宜高出地面0.3m或水面1.5m。当处于潮水影响地区时,应高于最高施工水位1.5~2.0m,并应采用稳定护筒内水头的措施。

2)当孔内有承压水时,应高于稳定后的承压水位2.0m以上。

2 护筒埋置深度应根据设计要求或桩位的水文、地质情况经计算确定,一般宜穿透流塑状地层,旱地或筑岛处埋置深度宜为2~4m,特殊情况应加深,以保证钻孔和灌注混凝土的顺利进行。对有冲刷影响的河床,护筒宜沉入施工期局部冲刷线以下1.0～1.5m,且宜采取防止河床在施工期过度冲刷的防护措施。

3 钢护筒的壁厚宜按刚度要求经计算确定。当钢护筒长度大于10m,需要锤击或振动下沉时,其径厚比宜不大于120。

4 水中群桩基础施工时,水中钢护筒不宜参与施工平台受力。应严格控制深水基础钢护筒在竖直方向的倾斜度,各护筒间宜加强纵横向平联,确保护筒平面定位精度。

5 对于易受水流冲刷而发生混凝土剥落、主筋露出锈蚀等病害的河流、航道中的桩基础,宜保留钢护筒作为桩身永久防护结构。

4.2.3 泥浆循环系统

1 泥浆池宜结合地形建设,池容量根据桩径、桩长计算确定,形状宜为规则的矩形。推荐采用钢制沉渣箱,采用活动拉杆固定,可重复利用,壁板四周用原状土回填夯实。

2 泥浆池应按"两池一墙"建设:沉淀池、储浆池、中隔墙。中隔墙宜采用砖砌或钢板,缺口位置增设钢丝滤网;砖砌墙应抹面处理,池壁应使用砂浆封闭(图4.2.3)。

图4.2.3 泥浆池

3 泥浆的配合比和配制方法宜通过试验确定,其性能应与钻孔方法、土层情况相适应。

4 钻孔过程中,应随时对孔内泥浆的性能进行检测,不符合要求时应及时调整。

5 泥浆池内沉渣应定期清理,防止泥浆溢出污染。

6 深水桩基的泥浆循环和净化,当具备条件时,宜在岸上设泥浆池,制造、净化泥浆,水中可采用深仓船进行泥浆拌制。

4.2.4 成孔施工

1 桩基施工应优先选取有完整地质钻探资料的桩位开孔。

2 钻头直径不得小于桩基设计直径,应经常检查钻头尺寸及磨损情况并及时补焊。

3 在透水性强或有地下水流动的地层中钻孔时,应加大泥浆相对密度或采用专门配制的泥浆。

4 开孔后、终孔前应经常复核桩位偏差和钻头尺寸。

5 嵌岩桩现场终孔时应保持泥浆循环系统正常运转,现场在孔底捞取渣样判断基岩情况。

6 声环境敏感路段、邻近建筑物路段不宜选用冲击钻等噪声大、振动大的施工机械。

7 采用反循环回旋钻（含潜水钻）成孔时，宜根据成孔的不同阶段、不同地层及岩层坡面等情况，采取不同的钻进工艺。

8 回旋钻机钻进时，高压胶管下不得站人；水龙头与胶管应连接牢固。

9 大直径灌注桩和超长灌注桩的成孔宜采用大力矩反循环回旋钻机，钻孔作业时，应根据不同土层、不同钻孔深度采用不同的钻压、转速、配重、进尺速度及泥浆指标。

10 采用冲击钻机冲击成孔时，应采用小冲程开孔，待钻进深度超过钻头全高加冲程后，方可进行正常的冲击。冲击钻进过程中，应采取有效措施防止坍孔；掏取钻渣和停钻时，应及时向孔内补浆，保持水头高度。

11 冲击钻施工应连续进行，施工单位应按每两个小时一次的频率及时规范填写《钻孔记录表》，严格执行交接班制度。渣样应在孔底采集，装入透明塑料袋并标明序号、取渣深度（高程）、渣样岩土类别、时间等。

12 冲击施工因故停钻时，应采取措施保持孔内水位和正常的泥浆循环，并将钻头提出孔外，防止塌孔。

13 采用旋挖钻机钻孔时，应根据不同的地质条件选用相应的钻头。钻进过程中应采取有效措施严格控制钻进速度，避免进尺过快造成坍孔埋钻事故。钻头的升降速度宜控制在0.75～0.80m/s，在粉砂层或亚砂土层中，应放缓升降速度。泥浆初次注入时，应垂直向桩孔中间进行注浆。

14 人工挖孔应符合下列规定：

1）人工挖孔桩属于限制使用工法，凡具备机械成孔条件的桩基，均应优先采用机械施工成孔。对于地势陡峭、大型机械无法到达作业面且地下水不丰富、土体密实、无有害气体地域方可使用人工挖孔。

2）施工单位不得在地下水位高（特别是存在承压水时）的砂土、厚度较大的淤泥和淤泥质土层中进行挖孔施工。

3）挖孔作业前，施工单位应根据地质、地下水情况编制挖孔桩专项施工方案，桩孔孔深超过15m或桩位地质条件复杂时应经过专家论证、审查。

4）挖孔桩锁口混凝土顶面应高出地面30cm以上，宽度应大于60cm。孔口应设置防护栏、防雨棚、排水沟，完善施工区域排水系统，及时排除地表水，孔内应根据孔深采用适宜扬程的潜水泵排水。

5）挖孔施工时相邻两桩孔不得同时开挖，宜间隔交错跳挖，爆破宜采用浅眼松动爆破法，并严格控制每次爆破用药量和进尺深度，不得影响到自身和相邻桩孔护壁质量。距离桩底高程0.3m范围内不得爆破开挖，应采用风镐开挖至孔底。

6）挖孔桩混凝土护壁（图4.2.4）应进行专项设计，并应随挖随护，每节开挖深度应符合专项施工方案要求，且不得超过1m，内部配置钢筋，厚度经计算确定。锁口、护壁混凝土应满足规范要求，强度等级不得低于桩身混凝土的等级。混凝土应采用机械拌和，浇筑时应加强振捣。

图 4.2.4 挖孔桩混凝土护壁

7）挖孔桩作业时应持续通风，进入桩孔前应先通风 15min 以上，并经检查确认孔内空气符合规范要求；开挖后如发现孔内含有毒有害气体，应至少每 2 小时检测一次有毒、有害气体及含氧量。

8）挖孔桩井底照明应采用安全电压及防水绝缘电缆，并应配备漏电保护装置，施工便道、通风设备、安全软爬梯应全部到位方能同意开工。

4.2.5 岩溶桩施工

1 岩溶地区桩基施工和质量检测应符合现行广东省交通运输行业地方标准《广东省岩溶地区公路桥梁桩基设计与施工技术指南》（GDJTG/T A01）的要求。

2 岩溶地区桩基应进行逐桩地质勘探；桩基施工前施工单位应熟悉和掌握设计文件（工程地质勘察报告）中载明的勘察工作完成情况，对尚未完成的勘察工作应及时上报建设单位，协调勘察设计单位尽快完成；岩溶复杂路段，勘察设计单位应在施工阶段进行必要的补充勘察。

3 施工阶段岩溶区桩位补充地质勘察宜采用钻探与物探结合的方式，物探宜采用桩位跨孔 CT 法。

4 岩溶区桩基施工前，施工单位应全面核查设计文件，设计文件应载明所有岩溶桩基的设计处治方案及溶洞处治工程数量。施工单位应根据桩位周边环境及地质情况对溶洞处理方式进行分类，应充分考虑溶洞桩基处理带来的各种风险，并根据风险情况采用不同的施工处治方案，岩溶桩基处治施工专项方案应组织专家审查论证并报监理单位批复。

5 桩基溶洞处置方法可采用钢护筒结合片石及黏土回填法、覆盖层静压注浆法、溶洞压浆法、旋喷帷幕法等，溶洞桩基处理应采用一桩一方案。

6 安全敏感路段尤其是房屋密集区的岩溶区桩基可采用全套管全回转钻施工方案，减少施工振动、噪声，并减少对软弱易塌覆盖层的扰动，避免塌孔。

7 单桩穿越大型溶洞或串珠溶洞，当无可靠持力层、常规处置方案实施难度大且经济性差时，在确保安全的前提下，宜优先考虑调整桥梁跨径或基础形式以避让溶洞。

8 钢护筒设置不深时，宜采用护筒超前、振动下沉的方式，确保护筒外侧土体密实；如护筒设置较深时，可采用引孔跟进方式下沉，钢护筒跟进方法应采用分段驳接振入法。

9 采用引孔跟进方式的钢护筒就位后,宜采用灌注碎石、粗砂或混凝土等封堵护筒脚、护筒之间、护筒与孔壁间的空隙。

10 泥浆的密度可比一般地区所用泥浆密度稍大,并应加强对钻进过程和孔内泥浆面高程的检测,避免发生坍塌、埋钻等事故。

4.2.6 桩基检孔

1 钻孔灌注桩在终孔后,应对桩孔的孔位、孔径、孔形、孔深和倾斜度进行检验;清孔后,应对孔底的沉淀厚度进行检验。挖孔桩终孔后,监理单位还应对孔底处理情况进行检验。

2 桩孔钢制检孔器宜采用粗钢筋、钢板、槽钢等组合制作,应具有足够的强度和刚度。检孔器外径应不小于设计桩径,长度宜为桩径的 4～6 倍(图 4.2.6-1)。

图 4.2.6-1 钢制检孔器

3 桩孔检验推荐采用桩基专用检孔仪(图 4.2.6-2)。

图 4.2.6-2 桩基专用检孔仪

4.2.7 清孔施工

1 桩孔经检验符合现行《公路桥涵施工技术规范》(JTG/T 3650)要求后方可清孔。

2 冲击钻机、旋挖钻机成孔宜采用换浆法清孔,反循环钻机成孔宜采用泵吸反循环或气举反循环清孔,不论采用何种清孔方法,在清孔排渣时,必须保持孔内水头,防止塌孔。不得采用加深钻孔深度的方式代替清孔。

3 摩擦桩桩端进入中、微风化岩层时,宜按照端承桩桩端沉渣要求清孔。

4 在吊入钢筋笼后、灌注水下混凝土之前,应再次检查孔内泥浆的性能指标和孔底沉淀厚度,如超出现行《公路桥涵施工技术规范》(JTG/T 3650)规定值时,应进行第二次清孔,符合要求后应立即灌注混凝土。

4.2.8 钢筋笼加工及安装

1 钢筋笼安装应留存影像记录。影像记录应包括钢筋笼、施工单位质检工程师、旁站监理和合格牌。合格牌尺寸宜为500mm×500mm,合格牌内容见表4.2.8。

钻孔桩钢筋笼隐蔽检查合格牌　　　　表4.2.8

桥名	××××大(中、小)桥
桩位编号	左(右)幅－(墩号)－(桩号)
本节钢筋笼长	×m
钢筋笼节数	第×节共×节
日期、时间	××××年×月×日×时×分
质检工程师	×××
旁站监理签字	×××

2 桩基钢筋笼吊装应使用专用吊架,吊点不得少于3个,不得将钢丝绳直接穿入钢筋笼端部起吊。

3 钢筋笼的吊环应采用未经冷拉的热轧光圆钢筋制作,钢筋笼下放到位后,应对其顶端定位并固定,防止灌注混凝土时钢筋笼偏移、上浮。

4.2.9 混凝土灌注

1 灌注水下混凝土前的准备工作应符合下列规定:

1)应按水下混凝土灌注数量和灌注速度的要求配齐施工机具设备,设备的能力应能满足桩孔在规定时间内灌注完毕的要求,且应保证其完好率,对主要设备应有备用。

2)水下混凝土宜采用钢导管灌注,导管内径宜为200~350mm。导管使用前应进行水密承压和接头抗拉试验,不得采用压气试压。

2 灌注水下混凝土应符合下列规定:

1)水下混凝土的灌注时间不得超过首批混凝土的初凝时间。

2)混凝土运至灌注地点时,应检查其均匀性和坍落度等,不符合要求时不得使用。

3)灌注桩料斗容量和首批灌注混凝土的数量应能满足导管首次埋置深度不小于1m的要求。

4)首批混凝土入孔后,应连续灌注,不得中断。

5)在灌注过程中,应保持孔内的水头高度。导管的埋置深度宜控制在2~6m,并应随时测探桩孔内混凝土面的位置,及时调整导管埋深;在确保能将导管顺利提升的前提下,方可根据现场的实际情况适当放宽导管的埋深,但最大埋深应不超过9m。

6)灌注时,当灌注的混凝土顶面距钢筋笼底部以下1m左右时,宜降低灌注速度;混凝土顶面上升到笼底部4m以上时,宜提升导管,使其底口高于笼底部2m以上后再恢复正常灌注速度。

7) 采用全护筒钻机施工的桩在灌注水下混凝土时,护筒应随导管的提升逐步上拔,上拔过程中除应保证导管的埋置深度外,同时应使护筒底口始终保持在混凝土面以下。

8) 混凝土灌注施工时应边灌注、边排水,保持护筒内的水位稳定。

9) 混凝土灌注至桩顶部位时,应采取措施保持导管内的混凝土压力。在灌注将近结束时,应核对混凝土的灌入数量,确定所测混凝土的灌注高度。

10) 桩顶混凝土灌注高程应比设计高程高出不小于1.0m,当存在地质条件较差、孔内泥浆密度过大、桩径较大等情况时,应适当提高其超灌的高度。

11) 超灌的多余部分混凝土应在承台或系梁施工前凿除,凿除后的桩头应密实、无松散层,混凝土强度应符合设计要求。

12) 灌注中发生故障时,应尽快查明原因,确定合适的处置方案,进行处理。

3 当具备条件时,桩基混凝土灌注宜采用高台灌注工艺。

4.3 挤扩支盘桩

4.3.1 一般要求

1 挤扩支盘桩应进行逐墩勘察,选择合适的土层设置盘或支,设计应明确各承支盘土层的挤扩压力最低值标准。

2 应根据地质情况和支盘尺寸选择匹配的支盘设备,进场前应对支盘设备油压表进行标定。

3 挤扩支盘桩施工前宜先试成孔或试桩,使用挤扩支盘设备对土层进行探查检测,收集土层技术参数。

4.3.2 控制要点

1 挤扩支盘桩主桩成孔、钢筋笼制造和安装、清孔、混凝土灌注遵循现行钻孔灌注桩要求。

2 挤扩支盘桩采用变截面时,应采取措施保证大直径和小直径桩基中心重叠,宜采取不移动钻机更换钻头的方法。

3 挤扩支盘桩主桩成孔宜采用优质泥浆,相对密度一般控制在1.05~1.25,施工单位宜通过试成孔确定合理的泥浆指标。

4 支盘施工前应对主桩孔径和倾斜度进行检测,检验合格后进行清孔。支盘挤扩采用静力挤扩工艺,挤扩压力值应满足设计要求,盘腔挤扩叠加率应大于15%。

5 支盘施工时应根据挤扩压力值标准对支盘周围土质进行检测,结合支盘尺寸和盘腔稳定的检测数据,由设计单位对支盘承载力进行评判和调控。

6 挤扩支盘桩的检查及验收按照现行《桥梁挤扩支盘桩》(JT/T 855)执行。桩身混凝土完整性检测宜采用超声波无损检测及一定比例的抽芯。

4.4 预应力混凝土管桩

4.4.1 一般要求

1 本节内容适用于先张法预应力混凝土管桩,管桩的制作应符合现行《先张法预应力混凝土管桩》(GB 13476)的规定。

2 预应力管桩的制作、连接和沉桩的施工过程应有完整的施工记录。

3 施工前平整场地应能满足管桩进场和沉桩机械施工的需要。

4 管桩需要接长时,施工单位应根据施工条件、设计图纸合理确定管桩配桩方案,配桩应遵循短桩在上、长桩在下的原则,且同一承台中相邻两桩的接头在高程上应错开1m以上。

5 监理单位应对管桩的接头焊接或法兰盘连接质量进行逐一检查验收,施工过程中应对管桩桩身垂直度、长度进行检测。

6 建设单位、监理单位应对管桩的接头尺寸、焊缝探伤进行监管。

4.4.2 管桩的制作

1 外购或自行制作的成品桩,每节或每段均应有出厂合格证明、质量检验等资料。

2 建设单位应组织对管桩生产厂家进行实地考察,监理单位对到场管桩进行验收。

3 管桩制作质量应符合现行《公路工程质量检验评定标准 第一册 土建工程》(JTG F80/1)的规定;采用法兰盘接头时,法兰盘制成后的允许偏差应符合现行《公路桥涵施工技术规范》(JTG/T 3650)的规定。

4.4.3 管桩的吊运、存放和运输

1 管桩在厂(场)内吊运时,桩身混凝土强度应符合设计规定。吊桩时桩身上的吊点位置距设计规定位置的允许偏差应不超过±20mm,并应使各吊点同时均匀受力;吊点处应采取适当措施进行保护,避免绳扣或桩角的损伤。

2 管桩的存放场地应平整、坚实,不得有不均匀沉降,且场地应有防排水设施。

3 场内堆放时应设置垫木,支垫位置宜按设计吊点位置确定,其偏差宜不超过200mm;多层堆放时,各层垫木应位于同一垂直面上,且层数不宜超过3层。

4 桩在运输时,应采用多支垫堆放,垫木应均匀放置且其顶面应在同一平面上;桩的堆放形式应使装载工具在装卸和运输过程中保持平稳。

5 采用驳船装运时,对桩体应采取加撑和系绑等措施,对管桩应采用特殊支架进行固定,防止其滚动和坠落。

4.4.4 试桩与桩基承载力

1 预应力管桩应在施工前进行工艺试桩和承载力试桩,确定沉桩的施工工艺、技术参数和检验桩的承载力。

2 试桩附近应有地质钻探资料;试桩的规格应与工程桩一致,所用船机应与正式施工时相同。试桩试验办法应符合现行《公路桥涵施工技术规范》(JTG/T 3650)的规定。

3 特大桥和地质复杂的大、中桥,宜采用静压试验方法确定单桩容许承载力;一般大、中桥的试桩,可采用静载试验法,在条件适宜时,亦可采用可靠的动力检测法。

4 锤击沉入的中、小桥试桩,在缺乏上述试验条件时,可结合具体情况,选用适当的动力公式计算单桩容许承载力。

5 试桩确定的单桩容许承载力不能满足设计要求时,应会同监理和设计单位研究处理。

4.4.5 沉桩

1 沉桩前应在陆域或水域建立平面测量与高程测量的控制网点,桩基础轴线的测量定位点应设置在不受沉桩作业影响处。

2 沉桩前应根据桩的类型、地质条件、水文条件及施工环境条件等确定沉桩的方法和机具,并应对地上和地下的障碍物进行妥善处理。

3 沉桩顺序宜由一端向另一端进行,当基础尺寸较大时,宜由中间向两端或四周进行;如桩埋置有深浅,宜先沉深的,后沉浅的;在斜坡地带,应先沉坡顶的,后沉坡脚的。

4 在桩的沉入过程中,应始终保持锤、桩帽和桩身在同一轴线上。

5 管桩的连接应符合设计要求,并应符合下列规定:

1)在同一墩、台的桩基中,同一水平面内的桩接头数不得超过基桩总数的1/4,但采用法兰盘按等强度设计的接头,可不受此限制。

2)接桩时,应保持各节桩的轴线在同一直线上,接好后应进行检查,符合要求方可进行下道工序。

3)接桩可采用焊接或法兰盘连接。当采用焊接连接时,焊接应牢固,位置应准确(图4.4.5);采用法兰盘接桩时,法兰盘的结合处应密贴,法兰螺栓应对称逐个拧紧,并加设弹簧垫圈或加焊,锤击时应采取有效措施防止螺栓松动。

图 4.4.5 接桩

6 沉桩完成后,桩头宜设置连接装置,确保后续施工期间不因受外力影响而发生偏斜。

4.4.6 锤击沉桩

1 管桩在锤击沉桩前,桩身混凝土强度应达到设计要求。

2　桩锤的选择宜根据地质条件、桩身结构强度、单桩承载力、锤的性能并结合试桩情况确定,且宜选用液压锤和柴油锤。其他辅助装备应与所选用的桩锤相匹配。

3　开始沉桩时,宜采用较低落距,且桩锤、送桩与桩宜保持在同一轴线上;在锤击过程中,应采用重锤低击(图4.4.6)。

图4.4.6　锤击沉桩

4　沉桩过程中,若遇到贯入度剧变,桩身突然发生倾斜、移位或有严重回弹,桩顶出现严重裂缝、破碎,桩身开裂等情况时,应暂停沉桩,查明原因,采取有效措施后方可继续沉桩。

5　锤击沉桩应考虑锤击振动对其他新浇筑混凝土结构物的影响,当结构物混凝土强度未达到5MPa时,距结构物30m范围内,不得进行沉桩;锤击能量超过280kN·m时,应适当加大沉桩处与结构物的距离。

6　锤击沉桩控制,应根据地质情况、设计承载力、锤型、桩型和桩长综合考虑,并应符合下列规定:

1)设计桩尖土层为一般黏性土时,应以高程控制。桩沉入后,桩顶高程的允许偏差为+100mm,0。

2)设计桩尖土层为砾石、密实砂土或风化岩时,应以贯入度控制。当沉桩贯入度已达到控制贯入度,而桩端未达到设计高程时,应继续锤击贯入100mm或锤击30~50击,其平均贯入度应不大于控制贯入度,且桩端距设计高程宜不超过1~3m(硬土层顶面高程相差不大时取小值)。超过上述规定时,应会同监理和设计单位研究处理。

3)设计桩尖土层为硬塑状黏性土或粉细砂时,应以高程控制为主,贯入度作为校核。当桩尖已达到设计高程而贯入度仍较大时,应继续锤击使其贯入度接近控制贯入度,但继续下沉时,应考虑施工水位的影响;当桩尖距离设计高程较大,而贯入度小于控制贯入度时,可按本款第2)项执行。

7　对发生"假极限""吸入""上浮"现象的桩,应进行复打。

4.5 基坑

4.5.1 一般要求

1 基坑施工前,应全面了解水文、地质、周边构筑物和地下管线等情况,确定开挖方式,制订专项施工方案。

2 基坑开挖前应根据水文、地质、开挖方式及施工环境条件等因素,验算基坑边坡的稳定,如不稳定应对坑壁采取支护措施。

3 当基坑深度较小且坑壁土层稳定时,可直接放坡开挖;坑壁土层不易稳定且有地下水影响,或放坡开挖场地受到限制,或放坡开挖工程量过大时,应按设计要求对坑壁进行支护,设计未要求时,应结合实际情况选择适宜的坑壁支护方案,并应进行支护的专项设计。

4 基坑开挖时,应根据其等级和规模,对基坑结构的受力、变形、稳定性、坑外重要构筑物和地下管线的位移变形等进行监测控制,保证施工安全以及周边重要构筑物和地下管线的安全。

5 对危险性较大的基坑,除应按边开挖、边支护的原则进行施工外,尚应建立信息化实时监控系统指导施工。

6 基坑开挖深度超过2m时,应设有临边防护栏杆,挂过塑钢丝网。基坑开挖深度超过1.5m时,应设置专用坡道或铺设跳板以便人员上下,坡道或跳板的宽度应超过0.6m。

7 基坑位于现场通道或居民区附近时,应埋设沉降观测桩,设置隔离设施、安全防护设施及警示标志,夜间应增设警示红灯。

8 建设单位、监理单位应对基坑的支护方案、地基承载力检验和基底处理进行重点管控。

4.5.2 基坑开挖

1 基坑边缘的顶面应设置防止地面水流入基坑的设施。基坑开挖时,应对基坑边缘顶面的各种荷载进行严格限制,并应在基坑边缘与荷载之间设置护道。

2 基坑开挖宜安排在枯水或少雨季节进行。基坑开挖应连续施工,对有支护的基坑应采取防碰撞的措施;基坑附近有其他结构物时,应有可靠的防护措施。

3 在开挖过程中可设置集水井进行排水,排水时应不对基坑的安全产生影响;确认基坑坑壁稳定的情况下,方可进行基坑内的排水。排水困难时,宜采用水下挖基方法,但应保持基坑中的原有水位高程。

4 采用机械开挖时应避免超挖,宜在挖至基底前预留一定厚度,再由人工开挖至设计高程;如超挖,则应将松动部分清除,并应对基底进行处理。

4.5.3 基底检验和处理

1 基坑开挖后如基底的地质情况与设计不符,则应按程序进行设计变更并应对地基进行处理。地基处理应根据地基土的种类、强度和密度,按照设计要求,并结合现场情况,采用相应的处理方法。地基处理的范围应宽出基础之外不小于0.5m。

2 岩层基底的处理应符合下列规定:

1）对风化岩层，应在挖至设计高程并满足地基承载力要求后尽快进行封闭，防止其继续风化。

2）在未风化的平整岩层上，基础施工前应先将淤泥、苔藓及松动的石块清除干净，并凿出新鲜岩面。

3）对坚硬的倾斜岩层，宜将岩层面凿平；倾斜度较大无法凿平时，可按设计要求凿成多级台阶，台阶的宽度宜不小于0.3m。

3　地基基底的检验应符合下列要求：

1）基底的平面位置、尺寸和基底高程应符合设计要求。

2）基底的地质情况和承载力应与设计资料相符。

3）基底处理和排水情况应符合现行《公路桥涵施工技术规范》（JTG/T 3650）的相关要求。

4）施工记录及有关试验资料等。

4　基坑检验合格后不得长时间暴露、浸水或被扰动，应尽快进行基础工程的施工。

4.6　浅基础、承台

4.6.1　一般要求

1　本节适用于浅基础、承台现场浇筑的施工。

2　浅基础、承台结构属大体积混凝土的，施工单位应按有关大体积混凝土的规定组织施工，建设单位、监理单位应对散热措施进行重点管控。

3　浅基础及承台模板宜采用大型组合钢模，不得使用土模。

4　承台施工前应对桩位进行复核，桩顶嵌入承台高度应符合设计要求。

5　浅基础、承台分次浇筑时施工缝处除应凿毛、清洗干净以外，还应增设适量剪力筋，且上下层浇筑间隔不得过长，避免分层面出现裂缝。

4.6.2　浅基础

1　基底为非黏性土或干土时，在施工前应将其润湿，并应按设计要求浇筑混凝土垫层，垫层顶面不得高于基础底面设计高程。

2　基底为淤泥或承载力不足时，应按设计要求处理后方可进行基础的施工。

3　基底为岩石时，应采用水冲洗干净，且在基础施工前应铺设一层不低于基础混凝土强度等级的水泥砂浆。

4　浅基础混凝土宜在全平截面范围内水平分层进行浇筑，且机械设备的能力应满足混凝土浇筑施工的要求；当浇筑量过大，设备能力难以满足施工要求，或大体积混凝土温控需要时，可分层或分块浇筑。

4.6.3　破桩头、浇筑垫层

1　基坑经人工整理、坑底排水设施完成后应立即浇筑垫层混凝土，垫层混凝土应符合设计要求且强度等级不低于C20，厚度不小于10cm。

2 桩基混凝土强度达到15MPa以上方可破桩头，不得使用炸药或膨胀剂、大功率镐头机或其他机械设备整体凿除桩头，桩头凿除应采用环切法破除（图4.6.3-1、图4.6.3-2）。

图4.6.3-1 环切法破桩头（一）　　　图4.6.3-2 环切法破桩头（二）

3 承台施工前应进行桩基等隐蔽工程的质量验收，桩顶的混凝土面应按水平施工缝的要求凿毛，桩头预留钢筋上的泥土及鳞锈等应清理干净。

4.6.4 绑扎基础钢筋、立模浇筑混凝土

1 浅基础、承台的钢筋和混凝土应在无水条件下进行施工，施工时应根据地质、地下水位和基坑内的积水等情况采取防水或排水措施。

2 浅基础、承台垫层施工完成后应在垫层上弹线，标出主筋的位置，绑扎、焊接基础钢筋。基础主筋及伸入基础的墩、台身预埋钢筋定位应采用定位卡槽严格控制钢筋间距（图4.6.4）。

图4.6.4 墩身预留钢筋绑扎定位卡槽

3 承台混凝土达到强度后应对墩柱（台身）范围内的混凝土表面进行凿毛，其余部分顶面应抹平压光。

4.7 围堰

4.7.1 一般规定

1 水中围堰施工时应搭设工作平台，平台可结合钻孔平台一起设置，其刚度、强度及

稳定性应经过计算确定。

2　围堰的外形和尺寸应考虑河流断面被压缩后流速增大导致水流对围堰本身和河床的集中冲刷,以及泄洪、通航和导流的影响等不利因素,堰内平面尺寸应满足基础施工作业的需要。

3　围堰内作业时,应对围堰构造物做好监测,并及时掌握水情变化信息,遇洪水、台风等极端情况,应立即撤出人员;水中围堰抽水前应及时加设围檩和支撑系统。

4　在围堰上游应设置警示标志,围堰外宜设置防撞护桩,围堰外一定范围内不得堆放重物或停放大型机械,抽水过程中应安排人员24h监测围堰内外水位变化情况。

5　建设单位、监理单位应对围堰的混凝土封底、围壁的渗漏水进行重点管控。

4.7.2　土石围堰

1　围堰顶面的高程应高出施工期间可能出现的最高水位(包括浪高)0.5~0.7m。

2　围堰的填筑应分层进行,应防水严密,减少渗漏,并应满足堰身强度和整体稳定的要求。

4.7.3　承台钢围堰

1　钢围堰在施工前应制订专项施工方案,明确施工工艺流程。

2　承台施工采用钢围堰作为挡水(土)设施时,应根据承台的结构特点、水文、地质和施工条件等因素确定适宜的围堰形式,并应对围堰进行专项设计;施工期间环境条件发生较大变化时,应对围堰设计方案重新进行论证。

3　钢围堰的平面尺寸宜根据承台的结构尺寸、安装及放样误差等确定,且宜满足承台施工操作空间的需要。

4　钢围堰除应满足自身的强度、刚度和稳定性要求外,应考虑河床断面被压缩后,流速增大导致的河床冲刷和对通航、导流等的影响。

5　钢围堰的混凝土封底厚度应符合设计规定;设计未规定时,应根据桩周摩擦力、浮力、围堰结构自重及封底混凝土自身强度等因素经计算后确定。

6　围堰钢结构在施工过程中应防水严密,不渗漏。

7　钢围堰在灌注封底混凝土之前,应将桩身和堰壁上附着的泥浆冲洗干净,经检验合格后方可进行封底混凝土的施工。

8　钢围堰拆除时,除应采取措施防止撞击墩身外,对水下按设计规定可不拆除的结构,尚应保证其不会对通航产生不利的影响。

4.7.4　钢管(板)桩围堰

1　钢管(板)桩围堰应进行专业设计,应满足强度、刚度、稳定性要求(图4.7.4-1、图4.7.4-2),围檩宜采用型钢加工且应与钢管(板)桩密贴,圈梁内支撑宜采用钢管(或型钢)制作,且应与圈梁顶紧密焊牢。

2　钢管(板)桩进场时,应对其外观、锁口进行检查,不符合要求不得使用。

3　钢板桩需要接长时,接头位置应设置在应力较小的部位,相邻钢板桩接头位置应上下错开。

图 4.7.4-1　钢板桩围堰　　　　　　　图 4.7.4-2　钢板桩围堰

4　钢板桩的材质、性能和尺寸应符合产品的相应规定。钢板桩在存放、搬运和起吊时，应采取措施防止其变形及锁口损坏。经过整修或焊接后的钢板桩，应采用同类型的短桩进行锁口通过试验，合格者方可继续使用。

5　钢板桩施打前应设置测量观测点，控制其施打的定位。

6　钢板桩在施打前，其锁口宜采用止水材料捻缝，防止在使用过程中漏水。

7　施打钢板桩应有导向装置，应能保证桩的位置准确。

8　施打顺序应按既定的施工技术方案进行，并宜从上游开始分两头向下游方向合龙。施打时应随时检查其位置和垂直度，不符合要求的应立即纠正或拔起重新施打。施打完成后所有钢板桩的锁口均应闭合。

9　同一围堰内采用不同类型的钢板桩时，宜将不同类型桩的各半拼焊成一根异型钢板桩，分别与相邻桩进行连接。接长的钢板桩，其相邻桩的接头位置应上下错开。

10　拔除钢板桩之前，应向堰内注水使堰内外的水位保持平衡。拔桩应从下游侧开始逐步向上游侧进行，拔除的钢板桩应对其锁口进行检修并涂油，堆码妥善保存。

11　锁口钢管桩钢管的材质和截面特性应满足围堰受力的要求。锁口的形式应根据土层地质情况和止水要求确定，当用于水中或透水性土层中的围堰时，应对锁口采取可靠的止水处理措施。

12　施打钢管时，如土层中有孤石、片石或其他障碍物，其底口应作加强处理。

4.7.5　钢套箱围堰

1　对有底钢套箱，除应进行结构的计算和验算外，尚应针对套箱内抽干水后的工况进行抗浮验算。钢套箱采用悬吊方式安装时，悬吊装置及吊杆的强度应通过验算满足受力要求。

2　钢套箱应根据现场设备的起吊能力和移运能力确定采用整体式或装配式制作，制作时应采取防止接缝渗漏的措施。

3　钢套箱下沉就位时，在下沉过程中应保持平稳，当采用多个千斤顶吊放时，应使各千斤顶的行程同步，且宜设置导向装置或利用已成桩作为导向的承力结构进行准确定位。

4　钢套箱就位后应对其平面位置和高程进行精确调整，并应及时予以固定；当水流速度过大会使套箱的位置发生改变时,应具有稳定套箱的可靠措施。

5　有底钢套箱在浇筑封底混凝土之前,应对底板和钢护筒的表面进行清理,并应采用适宜的止水装置或材料对底板与桩基之间的缝隙进行封堵。

6　钢套箱内的排水应在封底混凝土符合设计规定的强度后或达到设计强度的80%及以上时方可进行。

7　钢套箱侧壁兼作承台模板时,其位置和尺寸应符合承台结构的允许偏差规定。

8　封底混凝土可预留20~30cm调平层,套箱内的封底混凝土不得侵占承台厚度。

4.7.6　双壁钢围堰

1　围堰的双壁间距应根据下沉时需要克服的浮力、土层摩阻力及基底抗力等经计算确定,并应在双壁之间分设多个对称的、横向互不相通的隔水仓。

2　双壁钢围堰兼作钻孔平台时,应将钻孔施工产生的全部荷载及各种工况加入围堰结构的最不利荷载组合中进行设计和验算。钢围堰需要度汛或度凌施工时,应制订稳定和防撞击、防冲刷的可靠方案,并应进行相应的验算。

3　双壁钢围堰结构的制作宜在工厂按设计要求进行,各节、块应按预定的顺序对称组装拼焊,制作完成后应进行焊接质量检验,并应进行水密性试验。

4　围堰应根据现场的水文、地质和通航等情况,设置可靠的定位系统和导向装置。

5　围堰下沉至设计高程,在灌注封底混凝土之前,应对河床面进行清理和整平。围堰置于岩面上时,宜将岩面整平;基岩岩面倾斜或凹凸不平时,宜将围堰底部制作成与岩面相应的异形刃脚,增加其稳定性并减少渗漏。

5 桥梁下部结构

5.1 一般规定

5.1.1 下部结构施工前应熟悉施工图文件,结合施工现场环境,选择合适的模板及安装方案,并做好施工技术交底工作。

5.1.2 下部结构施工前应完成场地平整、杂物清运、地锚设置、吊机位平整压实、临时水电供应等准备工作。

5.1.3 桥梁墩柱的施工测量放样(圆形墩柱采用中心坐标、方形墩柱采用四角坐标放样)应经监理单位检测合格。

5.1.4 墩、台身施工前,应对其施工范围内基础顶面的混凝土进行凿毛处理,并应将表面的松散层、石屑等清理干净;对分节段施工的墩、台身,其接缝亦应作凿毛和清洁处理。

5.1.5 现场施工完成后的桥梁墩台应编号,推荐使用二维码,用蓝色油漆喷涂,并应符合下列规定:

1 每个墩台施工完成后应及时标识编号,标识宜包含桥名、墩台编号、施工日期(图5.1.5)。
2 墩台编号应与设计文件保持一致。
3 墩台编号标识不得采用手写。
4 墩柱标识宜喷在路线里程增长方向的正面,距离地面高约1.5m的混凝土面上。

桥梁名称	彭蜞围大桥
墩号	左1号-1
浇筑日期	2018年8月8日

图 5.1.5 墩台编号喷涂示意

5.1.6 施工单位应对养护用水水质进行检测,避免对结构物外观造成影响。

5.2 桥墩

5.2.1 一般要求

1 桥墩高度小于或等于10m时可整体浇筑施工；高度超过10m时，可分节段施工，节段的高度宜根据施工环境条件和钢筋定尺长度等因素确定。上一节段施工时，已浇节段的混凝土强度应不低于2.5MPa。各节段之间浇筑混凝土的间歇期宜控制在7d以内。

2 墩柱钢筋骨架及模板应设置临时支撑，防止倾覆。

3 墩柱钢筋笼设立完成后，每8～12m设置一道风缆，每增加10m高度增设一道风缆，钩挂在环向加强筋上，后续工序中转移到模板相近高度。

4 墩柱模板缆风绳在地面锚固且风力不大于6级、非山谷等迎风面、墩柱钢筋高度可控时可选用移动式锚固墩进行锚固，移动式锚固墩采用混凝土预制，可重复使用，移动便捷。

5 墩柱立模前，底节模板的下承垫面应预先采用高强度砂浆找平，但找平层不得侵入墩柱实体范围。

6 墩身高度不超过5m的，应设置带护笼的直爬梯或"之"字形爬梯，墩身高度在5～40m时，应设置标准梯笼；墩身高度在40m以上的，宜安装附着式施工电梯。标准梯笼宜采用定型装配式钢爬梯。

7 墩柱施工平台宜采用厂家定型一体化钢平台，护栏高度不小于1.5m，并配置消防器材，上升阶段由吊车整体起吊，避免拆装安全隐患。

8 监理单位在墩柱施工前应对承台轴线、高程，桩基桩位进行复核，对外露预埋钢筋进行检查。墩柱实施过程中应对墩柱节段错台、全高竖直度、墩顶预埋件位置进行重点管控。

9 可采用无人机对高墩施工安全、质量进行监管。

5.2.2 钢筋加工与安装

1 承台内的墩柱预埋钢筋应在浇筑承台前安装完毕，墩柱钢筋骨架的加工制作及钢筋连接方式应符合设计要求，竖向主筋宜采用机械方式连接。应特别注意预埋钢筋与墩柱主筋的连接质量，必要时应采取加强措施。

2 桥墩的钢筋可分节段制作和安装，且应保证其连接精度；条件具备时，亦可采用整体制作、整体安装的方式施工，但在制作、存放、运输和安装时应采取有效措施保证其刚度，避免产生过大的变形。

3 钢筋笼叠放高度不得超过两层，且在钢筋笼运输时应保证车辆货箱长度与钢筋笼长度相适应。

4 桥墩绑扎和安装钢筋时，应在作业面设置具有外围护的操作平台。当采用劲性骨架辅助钢筋安装时，劲性骨架宜在地面上制作好后再起吊就位安装。整体制作安装的钢筋应有保证刚度防止变形的可靠措施。

5 方形墩钢筋安装应使用定位卡槽准确定位(图 5.2.2)。

图 5.2.2 方形墩身钢筋定位卡槽

6 钢筋笼运至现场起吊时应设置起吊扁担,减少钢筋骨架的变形。钢筋笼吊装就位时应控制钢筋笼钢筋中心位置及其垂直度。已安装好的墩柱钢筋骨架,在安装模板前应有临时稳定措施,防止倾倒。

7 高墩盖梁施工预埋支撑件(如剪力销、型钢)与墩身钢筋存在冲突时,可适当调整预埋件处墩身钢筋间距,不得直接切断墩身主筋。

5.2.3 模板

1 模板制作应符合下列规定:

1)墩柱模板应采用整体式大型冷轧组合钢模(图 5.2.3-1、图 5.2.3-2)。

图 5.2.3-1 圆柱墩模板安装　　　　　图 5.2.3-2 方柱墩模板安装

2)方形墩柱模板的竖向接缝应避免设在转角处。可将接缝移到墩柱侧面(距转角 10cm 左右),加工成带转角的定型模板。

3)对高度在 10m 以内且截面尺寸一致的圆柱墩、实心方墩模板,宜按一模到顶进行配置,采用整体方式吊装;对高度超过 10m 或截面尺寸不同的墩柱模板,可分节段现场拼装。

4)板式桥墩的模板宜采用无拉杆模板,如采用拉杆固定,应根据墩柱截面的大小、混凝土一次的堆积高度、混凝土的终凝时间等因素统筹考虑计算确定,拉杆直径不宜小于 14mm。

2 模板安装应符合下列规定：

1）在模板安装前，应在基础顶面放出桥墩的轴线及边缘线；对分节段施工的桥墩，其首节模板安装的平面位置和垂直度应严格控制。模板在安装过程中应通过测量监控措施保证桥墩的垂直度，并应有防倾覆的临时措施；对风力较大地区的墩身模板，应考虑其抗风稳定性。

2）吊装模板前，应检查墩身钢筋骨架混凝土保护层垫块，确保按要求布设。每节墩柱模板缝应使用有效止浆措施，使用时距模板底内口 1cm，不得侵入混凝土内部。

3）模板安装就位后应清除模板内杂物，对模板的尺寸、高程、轴线偏位、竖直度、错台等进行自检，合格后报监理单位验收。

4）模板安装检验合格后应按照安全标准化指南要求设置风缆拉紧，防止倾覆。模板底口外沿接缝用砂浆封闭，防止根部漏浆。

5）模板安装完成后应测量模板顶高程，并应根据设计高程计算出混凝土面距模板顶的高度。

6）墩身模板翻模或提升时应做到层层清理、层层涂刷脱模剂；每隔 5~8 层应进行一次大清理，并对模板及相关部件进行检查、校正、紧固和修理。

7）高墩模板每提升一次，应对模板位置检查一次，严格控制墩身的偏移或扭转，每循环两模宜采用全站仪与垂直度仪器校核一次，发现偏移及时调整。

5.2.4 混凝土浇筑

1 应尽量缩短首节桥墩墩身与承台之间浇筑混凝土的间隔时间，间歇期宜不大于 10d，当不能满足间歇期要求时，应采取防止墩、台身混凝土开裂的有效措施。墩身平面尺寸较大时，首节墩身可与承台同步施工。

2 可采用泵送或吊车配合料斗的方式浇筑混凝土，串筒、溜槽等的布置应便于混凝土的摊铺和振捣，并应明确划分工作区域。

3 墩高 $H \geqslant 40m$ 的高墩混凝土的垂直输送宜采用泵送方式，泵管可沿已施工完成的墩身或搭设专用支架进行布设，而不得布设在塔式起重机和施工电梯上。

4 宜采取适当措施使操作人员进入模板内靠近混凝土面进行振捣，保证不漏振、过振。

5 墩身混凝土浇筑高度宜按设计伸入盖梁，设计未规定时不少于 2cm 以上。

6 墩柱垂直度质量管理控制措施应符合下列规定：

1）墩柱支模前应先校正钢筋，使其不产生倾斜，安装模板后，宜在柱顶部设置一木制十字架，找出墩柱中心，采用垂球对向底部的中心，并测量模板的竖直度。

2）模板安装完成后，可利用千斤顶调整模板，模板轴线偏位应控制在 10mm 以内。

7 高墩施工监控量测除符合第 5 项规定外，还应符合下列规定：

1）高墩施工前应编制测量控制方案，施工过程中应对墩身的平面位置和垂直度进行监控，条件具备时宜采用激光铅垂仪进行控制。施工测量中应考虑日照对墩身扭转的影响，当日照影响较大时,测量宜在夜间气温相对稳定的时段进行。

2)监理单位应编制高墩柱监控量测专项抽检计划,明确高墩的抽检频率及要求,高墩应每根必检,单个墩柱抽检频率不少于节段的20%。对于重要的、关键的控制性工程应加大抽检频率。

3)对分节段施工的墩身,其首节模板安装的平面位置和垂直度应严格控制。空心墩应采用全站仪进行定位控制测量,并应随时进行高差修正。

4)模板每提升一节,应对模板的位置检查一次,以控制桥墩的纵向偏移和扭转。每循环9m宜采用全站仪与垂直度仪校核一次,应防止仪器误差导致墩身产生偏斜,对于垂直度超出允许误差的节段应进行调整。

5)线形监测应做到四定原则:定人、定仪器、定时和定点,减少外界因素对测量的影响。

5.2.5 拆模

1 拆模时间应由专人管理,拆模不宜过早,且应尽量安排在升温时段进行。

2 拆除模板时不得使用大锤、撬棍硬砸猛撬,应避免混凝土的外形和内部受到损伤。

3 立柱施工完成后应对外露钢筋进行保护,可采用保鲜膜进行缠绕包裹,外套PVC管,并封闭孔口。

5.2.6 养护

1 墩身拆模后应立即进行养护。墩柱应采用塑料薄膜将立柱包裹,并采取墩顶滴灌方式进行养护。推荐外层加罩风衣(图5.2.6-1)。

2 高墩墩身应在模板支撑平台下设置计时自动养护系统,喷淋洒水养护墩身,喷淋系统随模板体系同步升高(图5.2.6-2)。

图5.2.6-1 圆柱墩风衣养护

图5.2.6-2 高墩喷淋养护

3 墩身养护用水应加强水源补给频率,确保结构物表面湿润。

4 每一节段墩身养护时间应不少于7d。

5.3 盖梁

5.3.1 一般要求

1 本节适用于盖梁(含墩、台帽)和挡块的现场浇筑施工。

2 盖梁施工前应对立柱、墩身、台身混凝土强度、轴线偏位、顶面高程、垂直度进行检测,检测合格后方可进行盖梁施工。

3 盖梁施工前应对墩顶混凝土进行凿毛,剔除表面松散石子、石屑,用高压清水冲洗干净,确保新老混凝土紧密结合。

4 盖梁施工前施工单位应加强小半径弯桥、斜桥、变宽桥梁盖梁长度和支座垫石位置复核,发现挡块与上部梁体存在冲突、垫石与主梁布置错位等问题时,应及时按程序报告监理单位、建设单位。

5 盖梁施工宜采用定型一体化钢平台,平台四周设置护栏,护栏高度不小于1.2m,作业平台宽度不得小于50cm,底部应设踢脚板,有坡度的应设防滑条。

6 监理单位应组织对盖梁一体化施工平台及模板进行验收。

7 监理单位应对盖梁的轴线偏位,支座垫石预留位置、高度,挡块位置,预留支座螺栓孔位置及深度进行重点管控。

8 可采用无人机对盖梁施工安全、质量进行监管。

5.3.2 钢筋加工与安装

1 盖梁钢筋骨架加工推荐采用钢筋骨架焊接机器人施工。一般情况下,盖梁钢筋的加工和组装宜在钢筋加工场内完成,整体运输到施工现场吊放安装。确因地形限制、运输困难的,可在现场安装骨架片和箍筋,并应采用定位卡槽控制钢筋间距。

2 盖梁钢筋骨架在入模前应检查钢筋绑扎、焊接、垫块安装等情况,经监理单位验收合格后方可入模定位安装。

3 盖梁钢筋整体吊放安装时,应采用多点吊装方法,防止盖梁钢筋骨架变形;整体骨架的底面、侧面应预先按梅花形绑扎高强混凝土垫块,确保保护层厚度。

4 盖梁施工时应注意预埋防震挡块、支座垫石、固结墩锚固钢筋等,严格控制预埋件的位置和高程。

5 盖梁钢筋骨架顶面可视盖梁尺寸情况预埋数个钢筋吊环,便于支座垫石施工人员固定作业安全绳,吊环钢筋类型、强度等级、埋置深度等应符合相关安全技术规范并经安全验算。

5.3.3 支架

1 盖梁施工的支撑方式可采用落地支架法、摩擦钢抱箍托架法、剪力销(穿心棒)托架法等,具体方式应结合现场实际情况确定,并应进行受力分析计算与验算。

2 盖梁施工采用"摩擦钢抱箍托架法"施工时,应采用双层抱箍,新加工的抱箍应进行预压试验,检验抱箍承载力;抱箍安装应采用力矩扳手确保高强螺栓紧固满足要求;采用剪力销(穿心棒)托架法施工时,剪力销钢棒应经过探伤和受力试验。

3 **盖梁托架不得使用千斤顶作为支承设施**,宜使用钢楔块或砂筒。

4 盖梁模板支架采用摩擦钢抱箍托架法施工时,应符合下列要求:

1)抱箍施工前应彻底清除墩身覆盖养护风衣及养护薄膜,抱箍内壁宜加垫摩阻力较大的柔性材料增大抱箍与立柱之间的摩擦力,不得使用土工布衬垫。

2)抱箍安装好后,应在抱箍下方做好标记,并在抱箍承受荷载后持续观察,如发现下沉异常时应及时处理。

5 盖梁模板支架采用剪力销(穿心棒)托架法施工时,应符合下列要求:

1)严格控制剪力销预留孔高程,剪力销孔应垂直于盖梁横向中心线。

2)预留孔可采用PVC管填塞沙并用水泥封堵,待拆模后敲除水泥封堵层卸掉填塞料并使用高压风机进行吹灰后方可安装穿心棒。

3)预留孔PVC管径宜大于钢棒直径10mm。剪力销直径及外露尺寸应满足施工方案要求,两端应设置防转动装置。

6 采用落地式支架法施工时,应符合支架施工相关规范、规程。

5.3.4 模板

1 盖梁模板应采用大型冷轧组合钢模,底模应采用不小于6mm厚的不锈钢面板整体轧制复合模板。

2 底模与立柱的贴合处,应采取有效措施防止其漏浆。

3 侧模宜整体吊装,侧模接缝处、侧模与底模接缝处宜粘贴双面胶条,且宜采用对拉杆使模板就位,拉杆应有足够的强度和较小的变形,拉杆和模板内支撑应设置在同一平面,通过内外支撑对模板进行调整、对中、加固。

5.3.5 混凝土浇筑

1 盖梁混凝土浇筑前,应检查模板接缝、拉杆螺栓、模板连接螺栓等,确保接缝严密,支立牢固。

2 盖梁混凝土的浇筑顺序应为从中间分别向两端对称、分层、连续浇筑。

3 为防止盖梁顶面混凝土龟裂,应进行不少于三次收浆抹面作业,即在混凝土浇筑完成伊始收浆抹面一次,混凝土初凝前粗平一次,精平一次。

4 **浇筑盖梁混凝土时,应采取措施防止水泥浆垢污染墩柱,影响外观。浇筑完成后如发现有漏浆,应及时冲洗墩柱。**

5 挡块混凝土宜与盖梁混凝土同时浇筑。

5.3.6 拆模、拆架

1 底模的拆除时间应符合设计规定,待混凝土达到一定强度,盖梁承载力满足要求后方可进行。侧模的拆除应在盖梁混凝土强度达到2.5MPa以上,并应能保证其表面及棱角不因拆模而损伤方可进行。

2 拆除抱箍时应严格按照方案执行拆除作业,做好安全措施和墩身保护措施,不得松卸螺栓后任其自行落地。

3 采用剪力销方案时,拆模后应采用细石混凝土对销孔进行封堵,并保证外侧与墩柱混凝土表面颜色一致。

5.3.7 养护

1 盖梁混凝土终凝后应立即采用土工布覆盖,滴灌饱水养护,保证混凝土表面始终处于湿润状态,盖梁养护时间应不少于7d(图5.3.7)。应采取措施保证土工布密贴盖梁侧面。

图5.3.7 桥墩盖梁养护

5.3.8 预应力盖梁

1 预应力盖梁宜按两端张拉设计,以满足预应力筋分批穿束、防腐蚀的要求。设计为P锚时,应明确张拉端的防锈措施。

2 绑扎钢筋时应检查支座垫石预埋钢筋与预应力管道,如有冲突应及时与设计沟通进行调整。

3 两端张拉的预应力盖梁应根据张拉工序安排分批穿索,不得贪图方便而一次性穿索,防止预应力束因放置时间过长造成锈蚀。

4 预应力张拉的顺序和时间应严格按照设计图纸要求。

5 预应力盖梁的张拉、压浆、封锚施工应符合本指南第3章第3.5节的有关规定。

6 预应力盖梁的支撑系统应在首次预应力筋张拉和管道压浆完成后拆卸。

5.4 桥台

5.4.1 一般要求

1 施工单位在桥台施工前应复核台位地形、地质情况,并在基础顶面测量放样出台身的纵横向轴线和内外轮廓线,其平面位置应准确。建设单位应在桥台施工前组织施工、监理和设计单位对桥台位置进行复核,确保桥台位置合理、基础稳定。

2 台背开挖时,应避免大挖大填,地质情况较好时,挖至能满足施工工作面要求即可。

3 柱式台宜采用反开挖的方式施工台帽。对位于软土地基处的桥台,宜采用先填筑路堤并待其沉降基本稳定后,再以反开挖的方式进行基础和台身的施工。

4 桥台的耳墙和背墙宜在台背回填之前施工,但在后续的其他工序施工中应采取有效措施对其进行保护,防止产生碰撞、挤压等损伤。当背墙影响到梁体预应力施工时,背墙混凝土可在预应力施工完成后再浇筑,但不得随意弯折或截断背墙钢筋。

5 监理单位应对台背基底清理、分层回填进行工序验收,建设单位应组织对台背回填完成后的检验及总体验收工作。

5.4.2 控制要点

1 浇筑桥台台帽、耳墙(或侧墙)、背墙时应注意垫石、护栏、伸缩缝锚固筋、搭板锚固筋等相关预埋钢筋的预埋。预埋钢筋应在混凝土浇筑结束后立即检查并复位,监理工程师检查复核。

2 桥台台帽无底模施工时应保证混凝土垫层满足设计及规范要求,垫层应平整无杂物,浇筑范围应大于设计桥台尺寸。

3 桥台位于曲线上时,耳墙应结合路线平面设计方向和现场实际情况,合理调整与背墙、台帽间的夹角,确保耳墙护栏与前后护栏顺接。耳墙混凝土浇筑完成后,应根据设计坡度人工对混凝土进行找平,确保耳墙坡度符合设计及规范要求。

4 桥台背墙施工时,倾斜角应符合设计要求;设计如有断缝时,应按准确定位断缝位置,下料钢筋,断缝内宜填塞沥青封堵。

5 肋式桥台台背填土和锥坡的回填应同步进行,应分层在肋侧对称、均衡地进行填筑。

6 肋板式埋置式桥台施工时,肋板的斜面方向应符合设计规定的方向,避免反置。

6 桥梁上部结构

6.1 一般规定

6.1.1 上部结构混凝土浇筑前应全面检查设计图纸中的各种预埋钢筋和预埋件,确定安装完整、无误后方可浇筑混凝土。混凝土浇筑结束后,应立即对预埋钢筋和预埋件进行检查复位,监理工程师应检查复核。

6.1.2 预制梁钢筋的连接,如设计图纸中未说明,钢筋直径≥12mm 时,钢筋连接应采用焊接;钢筋直径＜12mm 时,可采用绑扎,焊接和绑扎要求应按照现行《公路桥涵施工技术规范》(JTG/T 3650)的有关规定严格执行。

6.1.3 预制梁板边板翼缘板内的纵向钢筋和护栏滴水缘石内的纵向钢筋应提前在预制梁场进行绑扎、安装。

6.1.4 预应力筋张拉或放张时构件混凝土的强度和弹性模量(或龄期)应符合设计规定;设计未规定时,混凝土的强度应不低于设计强度等级值的80%;弹性模量应不低于混凝土28d 弹性模量的80%,当采用混凝土龄期代替弹性模量控制时应不少于5d。

6.1.5 施工单位应对养护用水水质进行检测,避免对结构物外观造成影响。

6.2 先张法预应力梁预制

6.2.1 一般要求

1 预制梁场确定前,施工单位应将梁场布置方案报监理单位、建设单位审批,方案内容应包含各类型梁板的台座数量、模板数量、生产能力、存梁区布置及最大存梁能力等。

2 开工前应复核梁板长度、角度、细部尺寸、钢绞线伸长量等技术指标。

3 张拉用的千斤顶、油表、应力应变传感器等机具应由有相应资质的部门标定完成,且应配套标定、配套使用。

4 预制梁拆模后,应及时做好标识,标识应采用红色油漆喷涂,内容应包括施工单位、监理单位、桥名、梁号、制梁日期和放张日期等,同一类型结构物标识喷涂位置应相对固定,确保美观。

6.2.2 预制台座

1 预制台座的地基应具有足够的承载能力和稳定性。

2 预制梁的台座应采用适宜的材料和方式制作,保证其坚固、稳定、不沉陷。

3 在设置台座时,宜采用槽钢作为台座的包边,槽口应向外,采用直径略大于槽口尺寸的高强橡胶管填塞,利用侧模顶紧橡胶管达到有效止浆,防止梁底漏浆。

4 先张法空心板墩式张拉承力台座应进行专门设计,并应具有足够的强度、刚度和稳定性,其抗倾覆安全系数不小于1.5,抗滑移系数不小于1.3。锚固横梁应具有足够的刚度,受力后挠度不大于2mm。

5 施工单位和监理单位应定期对台座进行复测检查,非软基区域的台座,每季度应检查1次,软基区域的台座,每月应检查1次,并应建立观测数据档案,分析台座的沉降情况,发现异常时应及时处理。

6.2.3 模板

1 外模应采用不小于6mm厚的不锈钢面板整体轧制复合模板;侧模的长度不小于设计梁长;底模应光滑平整。

2 端模预应力筋孔的位置要准确,安装后与定位板上对应的力筋孔要求均在一条中心线上。

3 空心板梁芯模应采用高强复合材料模板,不得采用充气胶囊做芯模。

6.2.4 钢筋安装

1 钢筋安装时应准确定位,伸缩装置及防撞护栏的预埋钢筋应采用辅助措施进行定位。

2 空心板梁铰缝钢筋安装时应保证其与模板密贴,并应采取有效措施固定,保证混凝土拆模完毕后能够立即人工凿出。

3 应严格控制芯模的定位钢筋间距。

6.2.5 预应力施工

1 预应力筋的安装宜自下而上进行,并应采取措施防止其被台座上涂刷的脱模剂污染。预应力筋与锚固横梁间的连接,宜采用张拉螺杆。

2 张拉前,应对台座、锚固横梁及各项张拉设备进行详细检查,符合要求后方可进行操作。

3 同时张拉多根预应力筋时,应预先调整其单根预应力筋的初应力,使相互之间的应力一致,再整体张拉。张拉过程中,应使活动横梁与固定横梁始终保持平行。

4 整体张拉宜以2倍初应力至张拉控制应力间的伸长值推算张拉伸长值。

5 预应力筋的放张顺序应符合设计规定,设计未规定时,应分阶段、均匀、对称、相互交错地放张。

6 多根整批预应力筋的放张,当采用砂箱放张时,放砂速度应均匀一致,采用千斤顶放张时,放张宜分数次完成;单根钢筋采用拧松螺母的方法放张时,宜先两侧后中间,并不得一次将一根预应力筋松完。

7 放张台座上预应力筋的切断顺序,应由放张端开始,依次向另一端切断。

6.2.6 混凝土浇筑

1 空心板梁浇筑时应按底板、腹板、顶板顺序进行,浇筑腹板时不应正对内模及外模翼板位置处下料。

2 混凝土的浇筑应连续进行,浇筑宜从一端到另一端,且应保证在下层混凝土初凝前开始上层混凝土的浇筑。

6.2.7 混凝土养护及封端

1 梁体混凝土浇筑完成后,应立即对混凝土进行养护。梁板有内箱时,应蓄水养护,水深应不小于50mm;顶面覆盖土工布配合滴管进行保湿养护;腹部侧面利用自动喷淋程控进行喷水养护;养护时间不小于7d。

2 预制梁放张用试件应与预制梁同时制作、同条件养护。

3 预制梁板放张后方可进行两端的封端施工,封端应设置通气孔。

6.2.8 存梁

1 存梁时间不应超过3个月。

2 预制梁吊移出预制底座时,混凝土强度不得低于设计所要求的吊装强度。

3 存梁堆梁垫木应坚固稳定,且宜高于地面200mm,并应定期检查堆梁地基的稳定性。

4 存梁垫木材料应采用承载力足够的非刚性材料且不能污染梁底,可采用硬质杂木,且预制梁的一端与垫木的接触面积不宜小于0.15m²。垫木位置应布置在支座位置,避免梁端悬臂长度过大引起断梁事故。

5 存梁水平分层堆放时,空心板堆放的层数不得超过3层。

6.3 后张法预应力梁预制

6.3.1 一般要求

1 本节内容适用于普通预应力小箱梁及预应力T梁结构。

2 预制梁场地确定前施工单位应将梁场布置方案报监理单位、建设单位审批,方案内容应包含各类型梁板的台座数量、模板数量、生产能力、存梁区布置及最大存梁能力等。

3 施工单位应复核预制梁的长度、角度、细部尺寸、预应力管道坐标等技术指标,并计算预应力筋控制张拉力及复核张拉伸长量,复核预制梁支座预埋钢板位置。

4 监理单位应对预制梁板长度、角度、顶面横坡、顶板厚度、横隔板外露钢筋进行重点管控。

5 预制梁设备配备数量应不少于表6.3.1中的要求。

表 6.3.1 预制梁场制梁设备(施)配备一览表

序 号	设 备	数 量	序 号	设 备	数 量
1	小型钢筋棚	1个	6	整体梳编穿束机	2台
2	数控弯箍机	1台	7	智能张拉和压浆设备	1套
3	活动式防雨棚	1个	8	自动喷淋养护系统	每个台座
4	底腹板钢筋加工胎架	1套	9	型钢检查爬梯	2个
5	顶板钢筋加工胎架	1套	10	雾炮机	数台

6 预制梁拆模后,应及时做好标识,标识应采用红色油漆喷涂,内容应包括施工单位、监理单位、桥名、梁号、强度等级、制梁日期和张拉日期等,同一类型结构物标识喷涂位置应相对固定,确保美观(图 6.3.1)。

施工单位	××××公司
监理单位	××××公司
桥梁名称	××大桥
梁体编号	Z×(跨)-×(片)号
制梁日期	20××年×月×日
张拉日期	20××年×月×日

图 6.3.1 预制梁标识样表

7 预制梁张拉完成时应实测梁体弹性上拱,张拉前、后在理论支距下的实测上拱值不宜大于1.10倍设计计算值。当存梁支距与理论跨度不同时,应对实测梁体弹性上拱值进行修正。

8 为检验预制梁板的施工质量,应按以下原则抽取一定数量预制梁板进行静力荷载试验:

1)对同一预制场大批量生产的梁,以不超过1000片且不超过6个月的同类型(同材料、同制作工艺、同结构类型、同跨径)预制梁板为一批,每批采用随机抽样的方法抽检不少于1片。

2)对小批量生产(总数量不超过500片)的同类型预制梁板,可现场采用典型抽样方法,直接选择质量相对较差的梁进行试验,且数量不少于1片。如抽检不合格,应加倍抽检。

3)对施工质量有怀疑的预制梁板,应额外进行抽检;同类型首批梁应优先进行抽检。

4)静载试验所选取试验梁尺寸偏差应满足现行《公路工程质量检验评定标准》(JTG F80/1)的要求,且试验应在预应力张拉30d后进行,但一般不宜超过60d。

6.3.2 后张法预制台座

1 预制台座的地基应具有足够的承载能力和稳定性。当用于预制后张预应力混凝土梁、板时,宜对台座两端及适当范围内的地基进行特殊加固处理。

2　施工单位和监理单位应定期对台座进行复核检查,非软基区域,每季度检查一次,软基区域,每月检查一次(当预制场处于软基地段应采取措施加强地基承载力,并加强台座整体沉降观测)。

3　台座宜采用C30以上强度等级混凝土立模浇筑。预制箱梁台座底部宜预留内模固定的拉杆孔眼,防止内模上浮。

4　施工单位应根据实际施工条件复核计算预应力混凝土梁的上拱度值,当计算上拱度值较大时,应考虑预先在预制台座上设置合理的反拱,以减轻预制梁上拱对桥梁整体化层、桥面铺装产生的不利影响。

5　台座应具有对梁底的支座预埋钢板或楔形垫块进行调整的功能,并应在预制施工时严格按设计要求的尺寸进行设置。

6　施工单位应对梁底楔形块平面位置、四角高程进行重点核查,确保与桥梁纵、横坡相匹配,相关基础数据应由施工单位验算、监理单位复核并签发楔形块核查确认单后实施。

7　台座端头应采取措施防止张拉时端头出现裂缝,如加设橡胶垫板。

6.3.3　模板

1　钢模板应具有足够的强度、刚度和稳定性;应能保证梁体各部形状、尺寸及预埋件的准确位置。模板在构造上应满足张拉、浇筑及拆模等工艺要求。

2　模板(底模及侧模)应根据设计要求和实际张拉应力、弹性模量及上拱度数据,预设反拱及预留压缩量,反拱轨迹按二次抛物线设置。

3　侧模板上应配备足够数量和适宜激振力的附着式振动器进行辅助振捣。预制箱梁数量超过300片的单个预制场,其侧模推荐采用液压可移动式整体模板。

4　预制梁外模应采用不小于6mm厚整体轧制复合不锈钢面板,且应充分考虑模板背肋设置间距和外露湿接缝钢筋长度模数,并设置可拆卸施工平台。

5　预制箱梁内模宜采用折叠式内模,内模顶面可铺设塑料薄膜,利用塑料薄膜将内模与箱梁顶板混凝土隔离。

6　小箱梁、空心板不得采用充气胶囊作为内模。

6.3.4　钢筋加工、安装

1　预制箱梁底腹板和顶板钢筋应分别使用专用胎架加工成型,再以钢桁吊架整体吊装至底模上(图6.3.4-1)。

2　预制T梁腹板及顶板钢筋应在胎架上安装,再整体吊装组拼。

3　伸缩缝及防撞护栏预埋筋、翼缘环形钢筋、端部横向连接筋应使用钢筋定位架、焊接辅助等措施进行定位(图6.3.4-2～图6.3.4-4)。

4　箱梁、T梁顶板钢筋绑扎宜采用移动式绑扎作业平台,施工人员可在平台上进行顶板中部钢筋绑扎以及预埋筋、架立筋等安装(图6.3.4-5)。

5　预制小箱梁顶板钢筋宜采用"OC"式花兰防上浮固定装置(图6.3.4-6)。

图 6.3.4-1 预制箱梁底腹板钢筋安装胎架

图 6.3.4-2 防撞护栏预埋钢筋定位架

图 6.3.4-3 翼板环形钢筋定位架

图 6.3.4-4 翼板环形钢筋堵漏板

图 6.3.4-5 预制梁顶板钢筋绑扎平台

图 6.3.4-6 "OC"式花兰防上浮固定装置

6 宜在内箱横隔板预留钢筋位置处安装定制钢模板或橡胶块,拆模后便于恢复横隔板钢筋(图 6.3.4-7)。

7 钢筋安装存在位置冲突时,不得随意切割钢筋。钢筋避让时,应遵循普通钢筋避让预应力钢筋、次要钢筋避让主要钢筋的原则。当无法避让时,经设计单位和监理单位同意后可适当改变冲突处钢筋的加工形状。

图 6.3.4-7　内箱横隔板预留钢筋位置图

8　应加强曲线桥梁边梁护栏预埋钢筋的准确定位。

6.3.5　波纹管安装

1　塑料波纹管应采用专用焊接机进行热熔焊接或采用具有密封性能的塑料结构连接器连接，不得采用胶带纸绑扎连接。

2　金属波纹管的连接，应采用大一号同型波纹管作接头管。波纹管连接后用密封胶带封口，避免混凝土浇筑时水泥浆渗入管内造成管道堵塞。

3　安装波纹管位置应准确，可用模架制作波纹管底边切线的位置，骨架拼装后采用"井"字形卡环对波纹管进行定位。

4　梁板混凝土浇筑前，应在波纹管内穿插相应的内衬管，防止波纹管因受挤压变形，造成后期串预应力钢筋困难；在穿钢绞线之前，所有波纹管端部都应密封并加以保护（图6.3.5）。

图 6.3.5　波纹管预穿内衬管

6.3.6　混凝土浇筑

1　预制梁浇筑、收面宜采用移动式混凝土施工平台（图6.3.6）。

图 6.3.6 移动式混凝土浇筑施工平台

2 腹板底部为扩大断面的T形梁和I形梁时,应先浇筑扩大部分并振实后,再浇筑其上部腹板。每片T形梁浇筑总时间不宜超过4.5h。

3 箱形梁宜一次浇筑完成,且宜先浇筑底板至底板承托顶面,待底板混凝土振实后再浇筑腹板、顶板。每片小箱梁浇筑总时间不宜超过6h。

4 梁体混凝土浇筑时,小箱梁及空心板宜以插入式振捣棒为主、侧振为辅;T形梁宜采用侧振并辅以插入式振捣棒振捣成型,振捣棒应垂直点振,不得平拉,并应防止过振、漏振。

5 预制梁端2m范围内、管道密集部位及锚固区,应严格控制混凝土的振捣,确保混凝土的质量。

6 梁体顶板混凝土振捣浇筑完成后,应进行收浆抹面,初凝之前再进行二次收浆抹面,过程中应核对高程控制点并采用水平尺量测,确保梁顶表面平整,最后进行拉毛处理。

7 箱内端横梁混凝土浇筑前,应将全部的预埋钢筋恢复到设计位置,有崩断缺漏的应采用等强度原则予以补强,后浇钢筋与预埋钢筋可采用单面焊接,焊接长度不小于$10d$。

8 箱内端横梁混凝土及堵头混凝土可通过梁端顶板预留槽并宜在梁端预留两根直径10cmPVC管或与封端混凝土整体浇筑,亦可与封端混凝土整体浇筑。

6.3.7 混凝土养护及封端

1 预制梁混凝土应采用自动喷淋养护系统进行养护,喷淋系统必须具备足够水压;施工单位应定期检查修复喷淋养护设备,确保梁侧面、顶面及梁体内腔在养护期内始终保持湿润状态。

2 预制梁拆模后24h内,宜采用雾炮机水雾养护;拆模24h后,应加强自动喷淋养护,箱梁箱室内部应布设水管进行养护,顶板应采用喷淋加覆盖土工布方式进行养护(图6.3.7-1、图6.3.7-2)。

3 预制梁张拉用试件应与预制梁同时制作、同条件养护。

4 预制梁封端混凝土浇筑后,宜静置1~2h,带模浇水养护,养护时间不少于7d。

5 预应力管道压浆完成后,应及时对锚固端进行封闭保护或防腐处理,长期外露的锚具,应采取防锈处理。

图 6.3.7-1　雾炮机水雾养护

图 6.3.7-2　内室、腹板、顶板养护

6　需要封锚的锚具,应在压浆完成后对梁端混凝土凿毛并将其周围冲洗干净,设置钢筋网浇筑封锚混凝土;封锚应采用与构件同强度的混凝土并应严格控制封锚后的梁体长度。

6.3.8　存梁

1　存梁台座应坚固稳定,且宜高出地面 200mm 以上。存梁场地应有相应的防排水设施。

2　梁、板构件存放时,其支点位置应符合设计规定,支点处应采用垫木和其他适宜的材料进行支承,不得将构件直接支承在坚硬的存放台座上。

3　预制梁板应按其安装的先后顺序编号存放,存放时间不宜超过 3 个月;预计存放时间超过 3 个月时,应提前对梁、板的上拱度值进行监测并采取有效措施进行控制。

4　上拱度值过大,会严重影响后续桥面铺装施工或发生混凝土严重开裂的梁、板不得使用。

5　预制箱梁存放层数不得超过 2 层,上下两层梁肋轴线应位于同一铅垂线,支垫宽度不得短于梁板底面宽度。

6　预制 T 梁存放层数不得超过 1 层,应采用木方支撑到位,或使用特制的钢支撑,防止倾覆,斜撑应设置于翼板根部,不得支撑于翼板外缘。

6.4　预应力梁安装

6.4.1　一般要求

1　预制梁安装前应核验预制梁设计长度、细部尺寸、角度等技术指标,完成安装专项施工方案编制,并经监理单位审核批准。

2　预制梁安装前应对墩台的施工质量进行检验,并应对支座或临时支座的平面位置和高程进行复测,经验收合格后方可进行梁、板等构件的安装。

3　施工单位应根据预制梁结构特点、现场环境状况编制运输和架设方案;长度不小于 40m 的预制梁运输与安装专项方案应组织专家审查论证。

4 预制梁安装前应逐片检查其外形、预埋件的尺寸和位置,疏通通气孔、泄水孔,同时应核对梁板编号,确保准确就位。

5 后张法预制梁在孔道压浆完成后,压浆体未达到设计规定强度时不得进行移动和吊装。

6 梁板运输在运梁前应对运梁设备、道路(轨道)进行检查;首次运梁应有技术人员全程监控。

7 架桥机拼装完成后应进行试吊,试吊可采用梁板,将梁板提起后,应仔细检查各主要部位的受力情况,经确认一切正常后方可进行作业。

8 架设时严格按预制编号架梁,并应保证伸缩缝位置的梁端间隙。预制箱梁架设完成后应立即对梁端安装间隙进行测量,每片梁端部采集不少于2个数据,建立数据台账。

9 梁端间隙与设计偏差较大时,施工单位应分析偏差原因,编制专项处治方案,报监理单位、设计单位、建设单位研究审查。

10 在道路、航道上方进行梁板安装或架桥机移跨过孔时,应设临时交通管制措施,严禁行人、车辆和船舶在桥梁下方通行。

11 监理单位应对架桥机过孔进行专控工序验收,制定专控工序验收清单。当架桥机拆除重新拼装时监理单位应组织重新验收,建设单位应参与。

12 建设单位、监理单位应对梁板安装梁顶行车轨道、梁板间连接及落梁顺序进行重点管控。

6.4.2 控制要点

1 架桥机必须设置有效的限位装置,在轨道有效行程范围内设置缓冲器及端部止挡,盖梁上的架桥机前支腿宜采用枕木及型钢组合支撑,保证钢轨横坡小于0.5%,架桥机应设置安全监控系统。

2 采用移动吊车双机联吊梁板属于非常规起重设备、方法,施工单位应编制专项吊装方案,监理单位应组织审查。吊装前应组织相关人员查看现场,方案应经过吊装司机确认。

3 装车时,预制梁应按设计支点放置,设计未规定时,后支点离梁端不得超过1.5m,防止出现结构性损伤。

4 运梁前,运梁通道之间及两侧的预制梁横隔板主筋和湿接缝钢筋焊接数量应满足设计及方案相关要求。

5 架梁前,应检查支承结构(墩台、盖梁)的混凝土强度和预埋件(包括预留锚栓孔、锚栓、支座钢板等)的尺寸、高程及平面位置符合设计要求。

6 预制梁安装过程中,吊具、捆绑钢丝绳与梁底面、侧面的拐角接触处,应安放护梁铁瓦或消力橡胶垫等防护设施,避免钢丝绳等损伤混凝土表面及钢丝绳被剪断出现安全事故。

7 安装在相邻孔跨的梁、板,梁、板上有预留相互对接的预应力孔道的,其中心应在同一轴线上,偏差应不大于4mm。梁、板之间的横向湿接缝,应在一孔梁、板全部安装完成后方可进行施工。

8 应构件安装就位完毕并经检查校正符合要求后,焊接或浇筑混凝土固定构件。简支梁安装后,应采取措施保证梁体的稳定性,防止倾覆,不得无侧向支撑而单独放置于桥墩上。

9 预制梁就位后立即进行支座检查,可采用铁锤敲击支座侧面的方法检查,有脱空的支座应及时进行处理;对于横纵坡较大的桥梁,梁板安装时应注意检查支座的侧向变形。

10 架设完成后的预制梁作为运梁通道时,应采取措施保护剪力筋,推荐采用铺设木板行车通道,木板厚度与剪力筋外露高度一致,且放置在剪力筋弯钩与预制梁顶板之间,宽度应满足行车要求。

11 预制梁架设完成后需临时通行时,应对伸缩缝预留端槽口采取防落物和预埋钢板保护措施。可采用多块方木组合填塞槽口,上铺土工布后浇筑低强度混凝土(强度≤C20),浇筑混凝土时应在槽口中心预埋伸缩木条或泡沫板。

6.5 支架现浇箱梁

6.5.1 一般要求

1 支架现浇箱梁专项施工方案应经监理单位审批同意后方可施工。

2 支架现浇箱梁专项施工方案应充分考虑施工现场环境,在彻底排查施工区域内的地下管线(管道、电缆、光缆)、地下构筑物、危险建筑的分布情况的基础上,制定相关方案措施。

3 现浇箱梁的支架应进行专项设计,应根据结构形式、设计跨径、荷载大小、地基土类别及有关的设计、施工规范,对支架的整体结构、立杆、配件、节点、地基和其他支撑物等进行强度、刚度和稳定性验算。

4 支架拆除前应核对拆除条件,如专项方案不匹配时应重新修订拆除方案并重新组织评审。监理单位应全过程旁站监督拆除工作。

6.5.2 现浇支架

1 现浇支架应稳定、牢固,其地基应有足够的承载力。支架位于水中时,其基础宜采用桩基;对弯、坡、斜桥,其支架的设置应适应梁体相应几何线形的变化,且应采取有效措施保证支架的稳定性。

2 采用满布式支架时,支架地基承载力应符合施工方案要求。支架基础应采用C20以上混凝土进行硬化,厚度应不小于15cm,宽度应宽于支架不小于100cm。

3 满布支架位于坡地上时,宜将地基的坡面挖成台阶。位于软弱地基上时,应采取措施对地基进行处理,地基处理完成后,应尽快做好排水边沟及集水井等设施。

4 大雨后应对满布支架的地基及排水系统进行检查,及时排除积水;对已掏空的地基应进行压浆处理,并重新进行地基承载能力检验。

5 软基地段优先采用梁式支架(钢管桩基础及贝雷梁或工字钢施工支架)。

6 梁式支架各支点的基础应设在可靠的地基上,当地基沉降过大或承载力不能满足要求时,宜设置桩基或采取其他有效措施进行处理。梁式支架不宜采用拱式结构。

7 在梁式支架中,宜设置砂筒或钢楔块,用于调整模板的高程及用作模板的卸落装置。

8 梁式桥现浇支架应根据支架的类型和结构形式、地基的沉降量和承载能力,以及荷载大小等因素,按现行《公路桥涵施工技术规范》(JTG/T 3650)的规定确定采取预压措施。

9 在支架预压施工时,无论使用何种支架,均应按计算和沉降观测结果设置底模预拱。

10 混凝土浇筑过程中,应对支架的变形、位移、节点和卸架设备的压缩及支架地基的沉降等进行监测,如发现超过预警值的变形、变位,应及时采取措施予以处理。

6.5.3 模板安装

1 底模安装前应复核支座的中心位置、轴线偏差、型号及活动支座滑移方向。

2 混凝土全断面一次浇筑时,应采取措施防止内模上浮、下沉或移位;分两次浇筑时,第一次可只立内模侧板,在底板和腹板混凝土浇筑完成后再立顶板内模。

3 模板安装时其拼接缝应平整、顺直、严密,纵横成线。

6.5.4 浇筑混凝土

1 箱梁混凝土分两次浇筑时,两次浇筑的间歇期不宜超过7d,浇筑的分界点宜设在顶板与腹板的交界处,并适当浇高20mm左右,在第二次浇筑前将此20mm混凝土凿除,以保证连接面混凝土的质量。

2 梁体混凝土在顺桥向宜从低处向高处进行浇筑,在横桥向宜对称进行浇筑。

3 在直线段一次浇筑长度超过70m时(对于小半径匝道,长度可适当减少),宜分段浇筑,防止混凝土因收缩和温度变化等因素引起开裂,纵向分段接缝应设在1/5跨的弯矩零点附近。

4 锚具附近应选择小型振捣棒辅助振捣,加密振捣点并适当延长振捣时间。

5 梁体顶板混凝土振捣浇筑完成后,应进行收浆抹面,初凝之前再进行二次收浆抹面,过程中应核对高程控制点,并采用刮平尺刮平,确保梁顶表面平整,最后进行拉毛处理。

6 现浇箱梁的顶板临时天窗施工应符合下列要求:

1) 箱梁顶板天窗不应设置在同一横向断面上,天窗开口应为上大下小的倒梯形状。

2) 为防止临时天窗处产生斜向裂缝,应在天窗四角增加斜向补强钢筋。

3) 不得齐根切断天窗开口处箱梁主筋,应保留主筋焊接长度,待施工完成后对主筋进行焊接连接。

4) 箱梁顶板天窗宜采用纤维混凝土封堵,其强度等级不得低于箱梁混凝土强度等级。

6.5.5 养护

1 混凝土梁浇筑完毕且顶面拉毛后,顶面宜采用土工布覆盖养护,保证混凝土表面始终处于湿润状态;翼板底面、腹板内外侧面宜采用淋水养护。养护时间均不少于7d。

6.5.6 模板、支架拆除

1 模板拆除时,应先翼板后底板,并从跨中对称往两边拆,当跨径大于20m时,支架拆除宜分两阶段进行,从跨中对称往两端卸载,卸载后从跨中往两端拆除。

6.6 悬臂浇筑梁

6.6.1 一般要求

1 主跨跨径大于150m的应进行施工监控;主跨跨径大于80m的桥梁宜进行施工监控。建设单位应组织成立联合监控小组,由建设单位、设计单位、监控单位、监理单位、施工单位等相关人员组成,及时发出监控指令并进行复核。

2 悬臂现浇箱梁施工应编制专项施工方案,悬浇施工的挂篮、0号块支架(托架)、边跨支架、合龙段吊架等临时支撑结构应进行专项设计,并应对临时支撑结构的强度、刚度和稳定性进行验算。

3 挂篮加工完成后应进行试拼装。挂篮在现场组拼后,应由施工单位、监理单位成立联合验收小组,全面检查其安装质量,并应进行模拟荷载试验,符合挂篮设计要求后方可正式投入使用。

4 悬挂系统两端应能与承压面密贴配合,混凝土承压面不规则、不平整时应事前处理,应使吊杆能轴向受拉而不承受额外的弯矩和剪力。

5 监理单位应对悬臂浇筑梁混凝土强度、断面尺寸、相邻梁段间错台、合龙后同跨对称点高程差进行重点管控。

6 建设单位应对悬臂浇筑梁监控量测工作进行管理。

6.6.2 挂篮施工

1 挂篮应由施工单位根据实际情况设计,并经第三方复核验算,委托专业钢结构厂家生产,设计时应按规范要求保证各项安全系数。

2 挂篮与悬浇梁段混凝土的质量比不宜大于0.5,且挂篮的总重应控制在设计规定的限重之内;施工、行走时的抗倾覆安全系数、锚固系统的安全系数、斜拉水平限位系统的安全系数及上水平限位的安全系数均不得小于2。

3 挂篮的行走系统应采用自锚机构,不得使用配重走行方式,自锚行走机构及轨道应满足局部应力集中的极端工况验算。

4 挂篮的外模板应采用大型整体钢模,内模板可采用钢木组合模板。

5 挂篮构件的连接宜采用销接或栓接模式,尽量减少焊连方式;吊杆连接应采用万向节,保证能自由转动,避免吊杆挠曲,防止发生断裂事故。

6 挂篮吊带不得使用精轧螺纹钢。吊带应采用性能良好的钢板等制作。

7 挂篮出厂前应对结构焊缝做超声波探伤检查并记录。

6.6.3 钢筋安装

1 底板钢筋与腹板钢筋的连接应牢固,且宜采用焊接;底板上、下两层的钢筋网应采用两端带弯钩的竖向筋进行连接,使之形成整体;顶板底层的横向钢筋宜采用通长筋。

2 钢筋与预应力管道、预应力施工作业相互影响时,钢筋仅可移动,不得切断。若挂篮的下限位器、下锚带、斜拉杆等部位影响下一步操作必须切断钢筋时,应在该工序完成后,将切断的钢筋重新等强度连接。

6.6.4 0号、1号块施工

1 0号块临时固结装置的结构和采用的材料应满足方便、快速拆除的要求,应满足拉压双重荷载工况的要求,设计无规定时,宜使用易于拆装的钢结构或高强度混凝土结构(抗压)配合穿心的精轧螺纹钢(抗拉)。

2 0号块宜全断面一次浇筑完成,浇筑前应做好防止内模上浮措施;当梁段过高、一次浇筑完成难以保证质量时,可沿高度方向分两次浇筑,但首次浇筑的高度宜超过底板承托顶面以上至少500mm,且宜将两次浇筑混凝土的龄期差控制在7d以内。

3 0号块隔墙厚度≥1.5m时宜设冷却水管,防止水化热导致内外温差过大。

4 混凝土应按由外向内的顺序(1号块向0号块)分层对称浇筑,待底板浇筑完后,将腹板、顶板一次性浇筑完成,分层厚度不得大于300mm。

5 0号、1号块施工支架如需预压时应符合现行《公路桥涵施工技术规范》(JTG/T 3650)相关规定。

6 0号块施工完成后应尽快安装、调试挂篮,缩短0号块与1号块的混凝土龄期差。

6.6.5 悬浇段施工

1 悬浇块件施工前,应对桥墩根部(0号块件)的高程、桥轴线做详细复核,满足设计要求后方能进行悬浇。

2 纵坡大于或等于2%时,挂篮应设置限位装置,防止其纵向滑移。

3 应严格控制底篮后挂点距节段端面的距离,减小节段错台的厚度,底篮后挂点距节段端面的距离宜不小于200mm。

4 为保证底模与箱梁底板密贴,挂篮底板后横梁在箱梁底板处的吊点应采用千斤顶紧固,施加力应达到该吊点的全部施工荷载值,翼板底模也同此要求。

5 节段腹板浇筑时,应采取有效措施防止底板混凝土翻浆。

6 应加强对梁段内模(重点是箱内预应力齿板的异形模板)安装质量的控制,应做到模板定位准确、接缝拼装严密,防止箱内胀模、漏浆、梁段混凝土超方。

7 悬浇段混凝土的浇筑宜采用可控方向的三通泵管来控制,最大容许不平衡重应以设计方提供的数据控制,设计未规定时,实际施工中宜控制混凝土偏差方量为1~2m³。

8 混凝土箱梁节段的断面应进行凿毛,凿毛时应在混凝土保护层外侧保留10mm完整边界。

9 悬浇段吊带孔应合理避让预应力管道与箱梁主筋,有影响的箍筋可保留焊接长度,待施工完成后进行焊接连接;吊带孔应及时封堵,封堵材料宜采用高强环氧树脂砂浆。

6.6.6 悬浇线形及应力监控

1 施工前应编制施工监控方案或在专项施工方案中编制相应监控内容,并组织审查。施工监控方案应依据批准的图纸和实施性施工组织设计编制,结构分析的参数和结果应经设计认可。

2 施工监控应考虑环境温度、桥上施工设备及临时荷载的影响；监控测量应考虑日照温差、季节性温差、大风等因素的影响。

3 每节段施工应在混凝土浇筑后、预应力张拉后、挂篮前移就位后等阶段，测量梁段的高程，并预测、确定下一梁段的立模高程。应力监测应按预定的频次实施，不得随意改变。

4 当需要改变施工顺序、进度和作业条件时，应复核施工监控的可行性，并制定措施保证桥梁线形和应力符合设计要求。如果施工顺序、进度或作业条件发生了重大偏差，应重新进行施工监控结构分析，确定目标高程和应力控制标准。

5 线形测量监控应做到定人、定仪器、定时、定点；观测时间宜选在日出前，减小温差对挠度所造成的影响；监控单位（如有）或施工单位应定期通测并复核全桥的整体线形。

6 施工单位应及时将每节段混凝土实际方量报至监控单位。监控单位（如有）或施工单位应根据实际施工情况动态进行施工控制。

6.6.7 合龙段施工

1 合龙的程序和顺序应符合设计规定。

2 合龙施工前应对两端悬臂梁段的轴线、高程和梁长受温度影响的偏移值进行观测，并应根据实际观测值进行合龙的施工计算，确定准确的合龙温度、合龙时间及合龙程序。

3 对连续刚构两端的悬臂梁段采用施加水平推力的方式调整梁体的内力时，千斤顶的施力应对称、均衡。千斤顶对顶的位置及预顶力的大小应由设计单位或监控单位提供，对顶后再焊接劲性骨架。

4 合龙时，宜采取措施将合龙口两侧的悬臂端予以临时刚性连接后，再浇筑合龙段混凝土。宜在合龙口两侧的梁体顶面设置等重压载水箱，并在浇筑合龙段混凝土时同步卸载。

5 合龙段的混凝土宜在一天中气温最低且稳定的时段内浇筑，浇筑后应及时覆盖洒水养护，养护时间宜不少于14d。

6 合龙时在桥面上设置的全部临时施工荷载应符合施工控制的要求。对预应力混凝土连续梁，合龙后应在规定的时间内尽快拆除墩梁临时固结装置，按设计规定的程序完成体系转换和支座反力调整。

7 在合龙段中设置劲性骨架时，宜将劲性骨架先初步与合龙段的一端焊接牢固，在一天中气温较低时，再与另一端焊接牢固；对于连续刚构，应在设计给定的合龙温度范围内焊接完成。

8 劲性骨架锁定后，设计有要求时应按设计要求尽快张拉临时合龙束，并应尽快浇筑合龙段混凝土。

9 合龙段应采取抗裂措施，如采用纤维混凝土，以提高其抗裂能力。

10 合龙段混凝土强度达到设计要求后，应尽早进行预应力张拉。

6.6.8 预应力施工

1 预应力管道的安装定位应准确，备用管道和长束的管道应采取措施保证其在使用时的有效性。

2 对纵向预应力长钢束的张拉，宜通过必要的试验确定其张拉程序和各项参数，长钢束的张拉持荷时间宜增加 1 倍；当钢束的伸长值不能满足要求时，可采取补张拉或多次张拉的措施，但张拉应力不得超过设计规定的最大控制应力。

3 横向预应力采用一端张拉时，其张拉端宜在梁两侧交错设置。

4 竖向预应力宜采用多次张拉的方式进行，多次张拉的次数应以钢束的伸长值达到要求且可靠锚固而定。

5 对钢束施加预应力时，不得随意将锚具附近的普通钢筋切断；当该处的钢筋影响到张拉操作不能进行正常作业时，应会同设计单位协商处理。

6 对竖向预应力孔道，压浆时应从下端的压浆孔压入，压力宜为 0.3～0.4MPa，且压入的速度不宜过快。

7 箱梁三向预应力筋的张拉顺序应符合设计规定，设计未规定时可按先纵向、横向，最后竖向的顺序进行。

6.6.9 收面及养护

1 悬臂浇筑箱梁顶板混凝土振捣浇筑完成后，应进行收浆抹面，初凝之前再进行二次收浆抹面，过程中应核对高程控制点并采用水平尺量测，确保梁顶表面平整，最后进行拉毛处理。

2 梁顶宜采用浸水土工布覆盖养护，保证混凝土表面始终处于湿润状态；翼板底面、腹板内外侧面宜采用挂管自动喷淋养护。养护时间均不少于 7d。

6.7 桥面整体化及调平层

6.7.1 一般要求

1 桥面整体化施工前应对伸缩缝处预埋钢筋进行检验，对缺、漏、错位的钢筋应整改合格，并应按设计要求铺设桥面连续钢筋和桥面钢筋网。

2 三车道及以下宽度应采用全幅施工工艺，消除不必要的纵向施工缝。桥梁确需分多幅施工时，分幅宽度应合理划分，纵向接缝应避开湿接缝和车轮行走位置。对于桥面连续桥梁，调平层施工完应及时在墩顶处切横缝。

3 材料及设备应符合下列规定：

1) 粗集料应采用反击破碎石。

2) 桥面整体化混凝土宜选用减水率大、坍落度损失小、可调控凝结时间的复合型减水剂。高温施工宜使用引气缓凝（保塑）减水剂；选定减水剂品种前，应与所用的水泥进行适应性检验。

3) 高速公路主线及匝道桥梁宜使用全自动桁架式分体四辊轴摊铺机；收面要求采用二次收面，可采用自动驾驶式抹平机配套作业；为保证铺装的均匀性、密实性和强度指标，要求配置平板振动机械或者摊铺机配置插排式震动器。其他等级公路可参照执行。

4　桥面调平层钢筋应按设计要求横向到边，与泄水孔干扰钢筋截断后应进行加强。调平层钢筋网的支垫高度应利用桥面高程带上挂线测量来确定，以确保面层保护层厚度。

5　桥面施工应按规定做好临边防护，防护栏杆高度不小于1.2m，栏杆上设置密目安全网、警告标志，桥下有人、车通行处应设置挡脚板。

6　监理单位应对桥面铺装钢筋网的定位、桥面连续段处理及高程带施工质量进行重点管控。

6.7.2　先简支后结构连续梁湿接头施工

1　对湿接头处的梁端，应按施工缝的要求进行凿毛处理。永久支座应在设置湿接头底模之前安装。湿接头处的模板应具有足够的强度和刚度，与梁体的接触面应密贴并具有一定的搭接长度，各接缝应严密不漏浆。

2　湿接头的混凝土宜在一天中气温相对较低的时段浇筑，且一联中的全部湿接头应尽快浇筑完成。湿接头混凝土的养护时间应不少于14d。

3　湿接头按设计要求施加预应力、孔道压浆且浆体达到规定强度后，应立即拆除临时支座，按设计规定的顺序完成体系转换。同一片梁的临时支座应同时拆除。

6.7.3　湿接缝施工

1　湿接缝施工之前，应仔细检测复核梁顶面高程，并复核伸缩缝位置和预留宽度。

2　预制梁混凝土凿毛应在架梁前完成。

3　在湿接缝模板施工之前，用高压水枪或空压机将表面废渣冲净。在浇筑湿接缝混凝土前，提前30min将施工缝冲洗干净并充分湿润，但不得有积水，以保证新旧混凝土接触良好。

4　单跨桥面内所有湿接缝应一次浇筑完成。

5　部分(弯、斜、坡)桥或桥梁加宽段的湿接缝环形钢筋，应现场实际量测湿接缝宽度后再下料，确保湿接缝环形钢筋离预制梁翼板边缘不大于2cm。

6　湿接缝底模悬挂螺栓应紧固，将模板与箱梁顶板间缝隙控制在2mm以内，在模板与原混凝土的接触面粘上双面胶防止漏浆，模板每侧包边宽度不小于10cm。

7　浇筑湿接缝混凝土时，应按设计对浇筑温度的要求选择浇筑时段。

8　拉杆孔处充分振捣，避免浮浆集中及后期开裂。

9　湿接缝混凝土施工完毕后应收浆抹面，并立即覆盖塑料薄膜，防止出现早期收缩裂缝。初凝之前除去薄膜，进行二次收面并拉毛，然后采用土工布进行覆盖洒水养护，养护时间应不少于7d。

10　监理单位应对湿接缝钢筋制安、相邻梁高差、模板止浆及垫块、拉杆、凿毛等情况进行验收。

6.7.4　负弯矩预应力施工与体系转换

1　负弯矩预应力钢束施工应配备张拉操作平台。

2　预应力管道安装时应在预应力管道负弯矩区(曲线顶部)设置排气孔(检查管)。

3　负弯矩预应力施工前应做好孔道封口保护。

4 应在梁端连续段混凝土强度达到设计要求后,方可穿束进行负弯矩预应力施工,穿束前应对预留孔道用通孔器或其他可靠方法进行检查。

5 张拉负弯矩钢束时不得随意切断张拉槽口处的纵、横向钢筋。

6 预应力筋的张拉顺序应符合设计要求,设计未规定时,可按先张拉短束、后张拉长束的顺序进行。

7 预应力孔道压浆应符合本指南第3章第3.5节的有关规定。

8 锚具和垫板接触处的混凝土残渣等应清除干净,方可浇筑封端混凝土。

9 施加预应力、孔道压浆且浆体达到规定强度后,应立即拆除临时支座,按设计规定的顺序完成体系转换。同一孔梁的临时支座应同时拆除。

6.7.5 桥面混凝土调平层

1 桥面混凝土调平层开工前,监理单位应组织桥面高程联测及分析,当最小厚度不能满足设计要求时,应研究调坡方案。

2 桥面调坡宜整桥统筹进行,调平层施工前应充分考虑前后各两联的高程及纵坡情况,防止出现纵坡无法衔接的问题。

3 调平层钢筋安装前,监理单位应组织工作面验收,对梁顶浮浆、油污等进行清理,对梁顶面或湿接缝拉毛不到位的进行凿毛处理。

4 应采取焊接架立筋等方式,防止钢筋网贴底或混凝土施工时的翘曲上浮。

5 调平层钢筋两侧边模宜使用钢梳齿板+砂浆方式进行定位,确保钢筋数量、间距。

6 为减少调平层表面裂缝,应在提浆整平机精平后及混凝土初凝前进行两次收面,过程中用3m直尺进行横纵向的平整度检查修正。二次收面完成后,应紧跟进行拉毛处理,使构造深度达到验收标准。

7 调平层应采取土工布覆盖洒水方式养护,未达到设计强度前,重载车辆不得进入。

7 桥梁附属工程

7.1 一般规定

7.1.1 本章适用于垫石、支座、桥面排水、防撞护栏、伸缩装置、搭板、锥坡、机电及交安预留预埋等施工。

7.1.2 支座、伸缩装置等桥梁专用产品应由具有资质的专业厂家制造,且在进场时应按相应产品标准的要求进行抽样复验检测。桥面防水材料的进场抽样复验检测,应按相应产品标准的要求进行。

7.1.3 支座应存放在干燥通风的库房内,并不得直接置于地面,应垫高堆放整齐,保持清洁;支座不得与酸、碱、油类和有机溶剂等相接触,且应距热源至少1m以上。

7.1.4 对特殊形式的支座、伸缩装置,施工单位在施工之前应与生产厂家及时沟通,核对相关尺寸与预埋件要求,当产品与设计文件存在细节差异时,应经设计单位复核确认。

7.2 垫石

7.2.1 一般要求

1 垫石施工前应认真核对设计桥面横坡调整方式(尤其是设有超高的曲线桥梁)和垫石高程。

2 监理单位应做好垫石施工方案审核,加强对垫石高程、平整度的管控。

7.2.2 控制要点

1 墩台帽施工完成后应尽快施工支座垫石。

2 支座垫石施工之前,应做好盖梁顶支座垫石位置处混凝土结合面的凿毛工作,待盖梁混凝土初凝后,立即对结合面进行凿毛,清除浮浆直至均匀的集料出露,保证支座垫石混凝土与盖梁混凝土结合良好。

3 支座垫石施工应采用四角可调节高度的定型钢模。严格控制支座垫石顶面高程。

4 支座垫石在混凝土浇筑完成拆模后,宜采用内层饱水软质海绵包裹、外层薄膜密封的方式进行养护(图 7.2.2-1、图 7.2.2-2)。

图 7.2.2-1　支座垫石饱水密封养护　　　　　图 7.2.2-2　支座垫石养护效果

5 盆式橡胶支座垫石和球形支座垫石施工时,应加强支座锚固螺栓预留孔的施工质量控制,预留孔孔径、孔深、预留孔相对间距等应进行专门的验收。

6 加强支座垫石的施工质量控制,支座垫石位置、高程、平整度应进行专门的验收。

7.3 支座

7.3.1 一般要求

1 建设单位、监理单位应对支座的储存、使用、送检及安装型号的匹配情况进行监管。

2 支座应存放在干燥通风的库房内,并不得直接置于地面,应垫高堆放整齐,保持清洁;支座不得与酸、碱、油类和有机溶剂等相接触,且应距热源至少 1m 以上。

3 支座在安装前,应对支座垫石的混凝土强度、平面位置、顶面高程、预留地脚螺栓孔和预埋钢垫板等进行复核检查,确认符合设计要求后方可进行安装。

4 支座垫石的顶面高程应准确,表面应平整、清洁;对先安装后填灌浆料的支座,其垫石的顶面应预留出足够的灌浆料层的厚度。

5 所有自制支座预埋钢板应进行热浸镀锌;由生产厂成套提供的支座,应要求生产厂将上下钢板进行热浸镀锌;螺栓、螺母、垫圈也应进行热浸镀锌,并应清理螺纹。

7.3.2 支座安装

1 安装前应检查支座的型号、方向、规格及外观,滑动支座应检查滑动面上的四氟滑板和不锈钢板,如有划痕、碰伤等应及时更换;盆式橡胶支座应检查橡胶块与盆底间有无压缩空气,若有,应排除空气,保持紧密。

2 安装前,应将墩、台支座垫石顶面和梁底面清理干净并进行风干,保证梁底与支座垫石顶平整,使其与支座上、下面全部密合,支座中心应对准梁体设计位置,避免支座偏心、脱空，造成不均匀受力。

3 对先简支后连续的桥梁，临时支座的高程宜比永久支座的顶面高程高出2mm，临时支座宜采用砂筒，且应经试压合格后方可使用。

4 支座安装时，应分别在垫石和支座上标出纵横向的中心十字线，就位后两者的中心十字线应对准，并应采取有效措施保证支座处于水平状态且支座的顶面高程符合设计要求。

5 调整支座的顶面高程时，应采用钢垫片对支座进行支垫，支垫处在支座安装完成后留下的空隙应采用环氧树脂砂浆填实。

6 安装双向活动或单向活动支座时，应保证支座滑板的主要滑移方向符合设计要求。

7 在安装活动支座的顶板时，宜考虑安装温度与设计要求不符时对位移的影响，必要时宜通过计算在顺桥向设置预偏量；对跨数较多、连续长度较长的连续梁，宜考虑温度、预应力、混凝土收缩与徐变等因素影响导致的梁长方向的位移变化，位移量较大时宜将支座顶板顺桥向的尺寸适当加长，保证支座能正常工作。

8 板式橡胶支座的安装施工应符合下列规定：

1）支座在安装时，应对其顶面和底面进行检查核对，避免反置。对矩形滑板支座，应按产品表面顺桥向和横桥向的方向标注进行安装。

2）支座垫石的顶面高程应准确无误。

3）梁、板吊装时，应采取有效措施防止对支座产生偏压或产生过大的初始剪切变形。

4）梁、板的就位应准确且其底面应与支座顶面密贴，不密贴时应将梁、板吊起，对支座进行重新调整安装。

9 盆式支座的安装施工应符合下列规定：

1）梁、板底面和垫石顶面的钢垫板应埋置稳固。垫板与支座间应平整密贴，支座四周不得有0.3mm以上的缝隙，并应保持清洁。

2）活动支座的改性聚四氟乙烯板和不锈钢冷轧钢板不得有刮伤、撞伤。改性聚四氟乙烯板应密封在钢盆内，应排除空气，保持紧密。

3）活动支座安装前应采用适宜的清洁剂擦洗各相对滑移面，擦净后应在四氟滑板的储油槽内注满硅脂类润滑剂。

4）盆式支座的顶板和底板可采用焊接或锚固螺栓栓接在梁体底面和垫石顶面的预埋钢板上。锚固螺栓和焊接部位均应作防腐处理。

10 支座安装完成后，其顺桥方向的中心线应与梁顺桥方向的中心线水平投影重合或相平行，且支座应保持水平，不得有偏斜、不均匀受力和脱空等现象。安装完成后，应及时拆除支座上的各种临时固定构件和装置，并应全面核对检查支座的形式、规格和安装方向等，如与设计不符应及时调整处理。

11 施工单位、监理单位应及时组织全桥支座安装质量验收，尤其注意支座方向，经过复查，支座安装的质量全部合格后，签字确认，方可进行下一道工序的施工。

7.3.3 支座质量控制

1 支座抽检的样品和检测指标应做到全面覆盖,并有足够的抽样代表性和随机性。

2 支座产品应贴有防伪标志和唯一不可更换的产品编号。

3 加强梁板底部预埋钢板的施工质量控制,尽量选用支座配套产品或专业的厂家生产,所用钢板应满足设计要求。

4 支座安装时应对准位置标线,核对支座的型号、安装方向和四氟板的朝向。

5 对于横、纵坡较大的桥段,板式支座底部宜设置限位角钢进行限制支座跑偏。

6 现浇梁支座安装后应采取保护措施防止支座处漏浆及生锈。

7.4 桥面防水与排水

7.4.1 一般要求

1 桥面防水层的层数和采用的材料应符合设计要求,材料的性能和质量应符合产品相应标准的规定。

2 管排式泄水出口应设置桥下排水沟、应急池、油水分离池或沉淀池,形成排水体系。

3 桥面采用直排式泄水时,排水管口下端应低于梁底面至少30mm,防止梁底被雨(污)水污染。

4 桥梁两端排水不得直接冲刷桥体,应在桥头设置排水沟引走。

5 监理单位应对排水管的材质、安装卡槽、定位箍施工质量进行重点管控。

7.4.2 控制要点

1 铺设桥面防水层时应符合下列规定:

1)防水层材料应在进场时进行检测,在符合产品的相应标准后方可使用。

2)铺设防水材料前应清除桥面的浮浆和各类杂物。

3)防水层在横桥向应闭合铺设,底层表面应平顺、干燥、干净。防水层不宜在雨天或低温下铺设。

4)防水层通过伸缩缝或沉降缝时,应按设计规定铺设。

5)水泥混凝土桥面铺装层当采用织物与沥青黏合的防水层时,应设置隔断缝。

6)防水层施工完成后,在未达到规定的时间内,不得开放交通。

2 泄水孔的顶面不宜高于水泥混凝土调平层的顶面,且在泄水孔的边缘宜设渗水盲沟,使桥面上的积水能顺利排出。桥面铺装施工前应采取有效措施封闭管口,防止施工垃圾堵塞泄水管。

3 泄水管的安装施工应符合设计规定,并应合理设置泄水口的位置,使排水不会冲刷墩台的基础。桥侧纵向水管的坡度应符合设计要求,特别注意反坡排水时水管纵坡的复核确认。

4 桥面泄水格栅盖推荐采用活性粉末混凝土(Reactive Powder Concrete,RPC)材质泄水盖。

7.5 现浇混凝土防撞护栏

7.5.1 一般要求

1 宜先浇筑桥面整体化层,再浇筑防撞护栏。防撞护栏应在桥面的两侧对称进行施工。

2 应按设计图纸核对交安标志、声屏障、桥梁护网、机电灯具底座等在护栏的设计位置,做好底座钢筋预埋和混凝土施工。

3 泄水管、伸缩装置等预留槽口宜采用标准木盒制作,不得采用泡沫材料。在顺桥向,伸缩装置的预留槽口宽度应与预制梁顶预留槽口等宽;横桥向应根据装置尺寸预留。

4 防撞护栏施工可采用移动工作台车,满足安装模板、浇筑混凝土工作人员安全防护的需要。

5 施工单位应对养护用水水质进行检测,避免对结构物外观造成影响。

6 监理单位应组织对护栏移动工作台车的验收,制定验收内容和流程,经验收合格后方能投入使用,宜采用厂家定型产品。

7 监理单位应对防撞护栏外露高度、外侧底部包边混凝土密实度、混凝土保护层进行加强管控。

7.5.2 钢筋

1 施工前,应对防撞护栏的预埋钢筋进行复检,对缺、漏、错位的钢筋应采取措施整改到位后方可进行下一道工序施工。防撞护栏的钢筋应与梁体的预留钢筋可靠连接。

2 放样时对于直线段,宜不超过每 10m 测 1 个护栏内边缘点,曲线段应根据实际计算确定,并应根据放样点弹出护栏内边线,立模时可根据该线进行微调,保证护栏线形顺畅。

3 护栏钢筋宜采用定位架进行定位安装,提高钢筋安装精度。

4 护栏底部纵向钢筋宜在预制梁施工时提前穿入边梁翼板环形钢筋内,以免后期架梁后难以实施。

5 护栏迎撞面竖向钢筋宜与主梁上部预埋钢筋逐根焊接,焊缝长度应满足单面不短于 10d 的要求(图 7.5.2-1、图 7.5.2-2)。

图 7.5.2-1 护栏钢筋定位

图 7.5.2-2 迎撞面钢筋焊接

7.5.3 模板

1 护栏模板面板宜采用不小于6mm厚不锈钢面板整体轧制复合模板。模板交角处宜采用倒圆角处理,使其线形平顺。

2 单片模板长度应综合考虑桥面竖曲线及梁体上拱等因素,使施工缝间距均匀一致美观,并有利于断缝的设置,模板长度宜为2～2.5m(匝道1.25m)。

3 混凝土护栏断缝间距设置应符合设计规定。设计无规定时,宜按照每隔5m设置一道假缝,缝宽3mm,缝深20mm;每隔10m设置一道10mm宽真缝;墩顶中心处设10mm宽真缝,桥面伸缩缝处亦为真缝且缝宽与梁端缝宽相同。真缝内填充硅胶,硅胶颜色与防撞护栏颜色相同。

4 护栏真缝施工宜采用"三明治"工艺(两片钢板夹一片易于拆除的夹钢板),以有利脱模。三块钢板互相之间涂抹黄油,护栏混凝土浇筑完成后,将模板拆除后利用装载机将钢板吊出,形成真缝(图7.5.3-1、图7.5.3-2)。

图7.5.3-1 护栏三明治断缝工艺　　图7.5.3-2 护栏断缝效果

5 模板支模时宜在其顶部和底部各设一道对拉螺杆,或采用其他固定模板的可靠装置。当拉杆与预埋钢筋冲突时,宜适当调整钢筋位置。

6 护栏内、外侧模板顶面加工时宜制作成水平,方便顶面混凝土收面时平整光滑。

7 护栏滴水缘石模板应设置可调节装置与护栏模板相连。

7.5.4 混凝土浇筑

1 护栏混凝土宜采用坍落度较低的干硬性混凝土,浇筑时应分层进行,分层厚度宜不超过200mm。

2 对护栏曲面部位的混凝土,应勤布料,多振捣,一次性布料不宜过多,以利于气泡逸出,减少混凝土表面气泡,保证表面密实。

3 浇筑至顶面时,应派专人按控制高程准确抹平,并做二次压平收光处理,保证护栏成型后,顶面光洁,线形顺畅。

4 若护栏模板底采用砂浆找平,则砂浆宽度在满足支模要求后,不得侵入护栏实体,在护栏施工完毕后,应予以清除。

5　防撞护栏混凝土浇筑完成后应及时清理桥面上混凝土残渣等污染物。

7.5.5　护栏养护

1　护栏养护宜采用"水桶储水＋水管滴灌＋土工布保湿"的养护工艺，养护时间应不少于7d。

7.6　伸缩装置

7.6.1　一般要求

1　伸缩装置施工安装前应按照设计图纸提供的尺寸，核对梁、板端部及桥台处安装伸缩装置的预留槽的尺寸，同时应检查核对预埋锚固钢筋的规格、数量、位置与设计的一致性。

2　应检查核对伸缩缝处的梁端间隙，若不符合设计要求，施工单位应先对缺陷进行修复，满足设计要求后生产厂方可安装伸缩装置。

3　伸缩装置应执行进场审查审批制度。监理单位应对伸缩缝材料焊接质量、端头处理、混凝土平整度进行重点管控。

4　伸缩装置的钢构件外观应光洁、平整，不得扭曲变形，且应进行有效的防腐处理。

5　伸缩装置应在工厂进行组装，出厂时应附有效的产品质量合格证明文件；吊装位置应采用明显颜色标明；在运输和存放过程中应避免阳光直接暴晒或雨淋雪浸，并应保持清洁，防止变形。

6　伸缩装置生产前应进行实地测量后方可下料加工，宜采用单幅整体制作成型、整体安装（渐变加宽段、斜交桥梁宽度大于15m除外）。

7　伸缩装置产品进场应证件齐全，施工、监理、试验检测单位除按规范要求进行检测外，还需加强对外观质量检查，尤其是伸缩装置成品的各部件钢材尺寸、构件的焊接质量、外观质量缺陷等方面的检查。

8　伸缩装置应由生产厂或专业队伍到现场负责安装施工，且应采用反开槽的方式进行安装施工。伸缩装置的总体要求、技术要求及试验方法应符合现行《公路桥梁伸缩装置通用技术条件》（JT/T 327）的有关规定。

9　伸缩缝施工应严格执行首件制，各施工合同段应以作业班组为单位开展首件工程，各参建方应对首件过程中的切缝开槽、预埋锚固筋校正、槽口清理、装置安装、混凝土浇筑及养护等工序开展联合验收。

10　伸缩缝施工期应按照"整半幅全封闭"的组织原则进行交通管制。

11　监理单位应对伸缩缝开槽宽度、深度、槽底混凝土凿除情况进行检查验收。预埋钢筋存在问题需要植筋时要制定专项方案，确保符合结构要求。

12　当伸缩装置需要拼接时，伸缩装置型材的拼装焊接宜采用厂家同等材质的定型焊片进行焊接，完成后应对焊接接头部位进行防腐处理，避免生锈。

7.6.2 控制要点

1 伸缩缝开槽施工前应在槽口两边各铺设5m宽彩条布,防止开槽废料及杂物污染和破坏沥青桥面。开槽废料应及时清运出场,不得向梁缝、桥下倾倒。

2 **伸缩缝开槽宜通过划线方式保证切缝顺直,切割宜至坚实的桥面整体化层或梁顶混凝土面**,槽口侧面应密实无松散,槽口底面混凝土表面应凿毛至粗集料并清理干净。

3 伸缩缝开槽时应用3m直尺测量槽口两侧沥青桥面的平整度,确保3m范围内平整度不大于3mm/3m,如不满足,应适当扩大切割范围。

4 伸缩装置的安装时间宜避开一天中最高温度时段,缝宽应按照设计图纸要求并根据安装温度调整。

5 伸缩装置安装时应采用定位装置定位,型钢面高程宜低于沥青桥面1.5~2mm,不得高于沥青桥面。

6 伸缩装置的锚固环筋应与梁板预埋钢筋一一对应焊接牢固,焊接时宜从中间往两端对称施焊。焊接过程中,随时用3m直尺检测伸缩缝高程和平整度,确保满足要求。

7 伸缩装置两侧焊接完成后应立即解除临时锁缝卡具。

8 伸缩装置排水管应接入桥梁排水系统。

9 梳齿板式伸缩装置安装时,应采取措施防止产生梳齿不平、扭曲和变形等现象,并应对梳齿间隙的偏差进行控制,在气温最高时,梳齿的横向间隙应不小于5mm,齿板的间隙应不小于15mm。

10 伸缩装置安装完成后,槽口混凝土浇筑前,应对槽口进行二次清理并冲洗干净,保持界面湿润,经工序验收合格并留存验收影像后方可浇筑封槽混凝土。

11 伸缩缝槽口一般采用钢纤维混凝土浇筑,钢纤维材料及用量应符合设计要求。混凝土浇筑前应在紧靠两侧沥青混凝土面上贴胶带,防止污染。

12 严格控制槽口角隅混凝土浇筑质量,确保振捣密实。

13 伸缩装置安装完成后应采用"一布一膜"养护,并及时补水,做好围蔽及保护措施,达到强度后方可开放交通。

14 桥侧护栏伸缩缝预留槽口的应及时封闭,采用与护栏同强度等级混凝土+膨胀剂,确保新老混凝土接合密实,线形平顺,颜色一致。

15 对落入桥台台帽和桥墩盖梁顶部的混凝土应在伸缩缝施工完成后及时清理干净。

7.7 台背回填

7.7.1 一般要求

1 桥涵填土的范围应严格按照设计文件执行,并做好过渡段。同时纵向和横向防排水系统应连接通畅。

2 桥涵台背及锥坡、护坡后背的填料应符合设计规定。设计未规定时,宜采用天然砂砾、未筛分碎石、二灰土、水泥稳定土或粉煤灰等轻质材料,不得采用含有泥草、腐殖质或冻块的土。

3　采用膨胀性聚苯乙烯泡沫塑料、泡沫轻质土等特殊材料回填施工时,应符合现行《公路路基施工技术规范》(JTG/T 3610)和《现浇泡沫轻质土技术规程》(CECS 249)的规定。

4　台背回填的顺序应符合设计规定。设计未规定时,拱桥的台背填土宜在主拱圈安装或砌筑以前完成;梁式桥轻型桥台的台背填土宜在梁体安装完成以后,在两端桥台平衡地进行;埋置式桥台的台背填土宜在柱侧对称、平衡地进行。

7.7.2　控制要点

1　台背回填采用天然砂砾时,宜采用水密法施工;填料采用未筛分碎石或水泥稳定类的半刚性材料时,宜采用大型机械加小型机械配合进行压实。

2　台背回填应严格控制土的分层厚度和压实度,应设专人负责监督检查,检查频率应每 $50m^2$ 检验一点,不足 $50m^2$ 时应至少检验一点,每点均应合格,且宜采用小型机械压实。桥涵台背填土的压实度应不小于 96%。

3　涵背回填前八字墙、一字墙以及支撑梁应完成,且应在盖板安装或浇筑后,在洞身两侧对称分层回填压实。涵洞顶部的填土厚度必须大于 0.5m 后方可通行车辆和筑路机械。

7.8　搭板和锥坡

7.8.1　一般要求

1　钢筋混凝土搭板及枕梁宜采用就地浇筑的方式施工。

2　山区内桥隧相接桥梁搭板,如搭板尾部距离隧道洞口较短,施工时应将搭板伸入隧道洞内,搭板施工时,应注意避开隧道洞口内如手孔井等构筑物。

3　桥台搭板采用整体浇筑,搭板顶纵横坡与路面纵横坡一致。

4　桥台锥坡、台前溜坡应设置踏步,可兼做排水,方便养护人员检修。

5　台前溜坡应设置检修平台,以便桥台支座等构造检查和养护。

6　桥头搭板宜结合路基情况预留压浆孔并做好标记。

7　搭板施工前应对台背回填总体质量检验合格后进行,监理单位应对搭板预埋钢筋、顶板纵、横坡进行重点管控。

7.8.2　控制要点

1　搭板钢筋与其下的垫层间宜设置垫块并应交错布置。在上、下两层钢筋之间应设置支撑,保证其位置的准确。

2　浇筑搭板混凝土时应按搭板的坡度由低处向高处进行,振捣时应避免碰撞钢筋、模板。

3　搭板与耳墙间应涂一层沥青防漏水,搭板与桥台背墙间缝隙应用聚硫橡胶填塞密实。

8 涵洞、通道

8.1 一般规定

8.1.1 涵洞在开工前应根据设计文件进行现场核对,当设计文件与现场的实际情况差别较大,确需变更时,应及时办理设计变更手续,涵洞工程在施工阶段应执行动态设计管理。

8.1.2 涵洞施工前,应复核涵址,涵址宜处于挖方路段;涵洞的进出口的位置和高程应充分考虑排水和通行的需要。

8.1.3 对地形复杂、斜交、平曲线和纵坡上的涵洞,应先绘出定位详图,再依图放样施工。

8.1.4 涵洞基坑采用机械开挖时应避免超挖,机械挖至基底高程以上一定厚度时,宜改由人工开挖。

8.1.5 涵洞基坑开挖至设计高程以上 30cm 时,应及时进行地基承载力检测,检测频率一般情况下每 10~20m 布置一个断面,每个涵洞不少于 3 个断面,每个断面不少于 3 个检测点,地质条件复杂时适当加密。

8.1.6 涵洞地基承载力不满足设计要求时,应进行处治后方可施工涵洞基础。

8.1.7 涵洞施工各阶段应保证有效的拦水、排水设施。

8.1.8 涵洞沉降缝处的两端面应竖直、平整,上下不得交错,沉降缝应贯穿整个涵洞断面;沉降缝填缝料应具有弹性和不透水性,并应填塞紧密。

8.1.9 为防止水沟冲刷涵洞基底,应对涵洞上、下游水沟沟床进行铺砌防护。涵洞进出水口的沟床应整理顺直,与上下游导流、排水设施的连接应圆顺、稳固,并应保证流水顺畅。

8.1.10 涵洞施工应根据设计文件要求设置上拱度,但入口流水槽面的高程不宜低于涵身中部流水槽面的高程。

8.1.11 涵洞施工过程中应持续进行沉降监测,发现沉降异常时应及时分析原因并采取处治措施。

8.1.12 涵洞施工完成后,砌体砂浆或混凝土强度达到设计强度的85%时,方可进行涵洞洞身两侧的回填。

8.1.13 涵洞两侧紧靠涵台部分的回填土不宜采用大型机械进行压实施工,宜采用人工配合小型机械的方法夯填密实。

8.1.14 涵背每侧的填土长度应符合设计规定;设计未规定时,应不小于洞身填土高度的1倍,特殊地形条件下应根据实际情况适当加长,填筑应在两侧同时对称、均衡地分层进行,填筑的压实度应不小于96%。

8.1.15 涵洞八字墙基底开挖与验收应与涵身基础同步,确保基底处理一次性到位。如不能同步实施,也应按设计要求对八字墙基底进行地基承载力检测,满足设计要求后方能实施。

8.1.16 监理单位应对涵洞基底处理、进出水口位置、净空尺寸、沉降缝、涵身防水处理、涵背回填进行重点管控。对于预制拼装涵洞应对节段间错台、管座沉降缝与涵管平齐、错位进行重点管控。

8.2 混凝土管涵

8.2.1 一般要求

1 管涵的管节宜在工厂内集中制作,仅当不具备集中制作的环境和条件时,方可在工地设置预制场地进行制作。

2 成品管节质量应严格按照现行《公路桥涵施工技术规范》(JTG/T 3650)及《公路工程质量检验评定标准》(JTG F80/1)的相关规定进行检查。管节质量检查包括混凝土强度、内径、壁厚、顺直度、长度等项目。

8.2.2 控制要点

1 管涵基础的顶面应设置混凝土管座,管座的弧形面应与管身紧密贴合,使管节受力均匀。当管节直接放置在天然地基上时,应按设计要求将管底的土层夯压密实或设置砂垫层,并做成与管身弧度密贴的弧形管座。

2 管涵基底下砂砾垫层、碎石垫层应均匀、密实。

3 基础应按设计要求浇筑,管基混凝土可分两次浇筑,先浇节底的下部分,并注意预留节壁厚度及安放管节坐浆混凝土2~3cm,待安装好管节后才浇筑管底以上部分混凝土,并应保证新旧混凝土的结合及与管壁的结合。

4 管涵施工时,施工单位应根据涵洞长度准确配置管节。

5 管节预制、运输、存放时,应注意轻放,堆放的底面应平整,必要时铺设5~10cm的砂垫层,使管节受力均匀,以免开裂。

6 各管节应顺水流方向安装平顺,当管壁厚度不一致时应调整高度使下部内壁齐平;

管节应垫稳坐实,安装完成后应采取有效措施予以临时固定,保证其不产生移位,且管内不得遗留泥土等杂物。

7　拼接缝处管节应紧密连接。

8.3　波纹钢管(板)涵洞

8.3.1　一般要求

1　施工单位应加强现场环境核查,存在下列情况时不宜采用波纹钢管(板)涵洞:

1)长期(每年2个月以上)积水的涵洞结构。

2)易于淤塞且与潮湿性材料长期(每年2个月以上)接触的涵洞结构。

3)近海或中、强腐蚀环境(pH值小于5.5,电阻率小于$50\Omega \cdot m$)。

4)软基路段或地基沉降较大时,涵洞基础的地基承载力、压实度和沉降量不满足设计要求时。

8.3.2　装卸与运输

1　波纹钢管宜采用吊索吊运装卸,或在采取适当保护措施的前提下滚动装卸,以免破坏涂层。装卸过程中应避免撞击岩石或坚硬物体。不得采用直接拖拽或倾倒的方式进行装卸。

2　采用吊索吊运波纹钢管时,宜事先在1/4管节长度处用织物包裹的钢丝绳顺波纹绑扎钢管;吊运过程中应保持钢管水平,吊索与钢管之间的夹角不宜小于45°;不得在波纹钢管上焊接或将栓接吊耳作为吊点。

3　波纹钢管(板)可采用套叠方式运输,运输过程中应采取措施防止翻滚和碰撞。

8.3.3　材料检验

1　波纹钢的管节、块件及连接螺栓应符合下列规定:

1)波纹钢的管节、块件及连接螺栓宜采用定型产品,并应符合现行《公路涵洞通道用波纹钢管(板)》(JT/T 791)的规定。

2)波纹钢的管节、块件及连接螺栓均应作防腐处理。

2　波纹钢构件进场时,应在检查产品质量证明书的基础上,对其质量进行组批抽样检验。

3　波纹钢管(板)及其配件运抵现场后,应逐件与设计图纸对照检查。对在运输、施工中轻微损坏的防腐涂层,应涂刷防锈漆进行修补;损坏、变形严重或防腐涂层脱落的管节和块件应做更换处理,不得用于工程中。

8.3.4　地基与基础处理

1　波纹钢管不得直接置于岩石地基或混凝土基座上,应在管节和地基之间设置砂砾垫层或其他适宜材料;对于软土地基,应先对其进行处理后,再填筑一层厚度不小于200mm的砂砾垫层并夯实紧密,方可安装管节。

8.3.5　波纹钢管(板)安装

1　波纹钢管(板)制造商应随产品提供波纹钢管(板)现场安装的详细说明,包括说明安放和拼装过程的图纸。

2 波纹钢管(板)涵洞宜设置预拱度,其大小应根据地基可能产生的下沉量、涵底纵坡和填土高度等因素综合确定,但管涵中心的高程不得高于进水口的高程。

3 拼装管节时,上游管节的端头应置于下游管节的内侧,不得反置;采用法兰盘或管箍环向拼接时,应将螺栓孔的位置对准,并应按产品设计规定的力矩值进行螺栓的施拧。

4 管节或块件的拼接处应清理干净,其接缝应采用不透水的弹性材料进行嵌塞,宽度宜为2～5mm,接缝嵌塞材料应连续,不得有漏水现象。

5 在涵洞的进出水口处,当波纹钢管节的管端与涵洞刚性端墙相连时,宜采用螺栓将管节与端墙墙体锚固。

6 波纹钢管(板)涵敷设就位、拼装完成后回填前应进行密封处理,按设计要求进行整体防腐、防水施工。

8.3.6 波纹钢管(板)涵洞回填

1 涵洞两侧的填土应对称、均衡地进行,水平分层的压实厚度宜为150～200mm。

2 在对涵洞两侧的回填土进行压实时,距波纹钢管节或块件外边缘2m范围内,宜采用小型压实机械或夯实机具进行作业,重型压实机械或其他重型机械均不得进入该范围;管节下方楔形部位的回填可采用砂砾料,并可采用"水密法"使其振荡密实。

3 管涵顶部填土前,对直径1.25m及以上的波纹钢管节,宜在管内设置一排竖向临时支撑;对直径大于2.0m的波纹钢管节,宜在管内设置竖向和横向十字临时支撑,防止其在填土和压实施工过程中产生变形。管内的临时支撑应在填土不再下沉后方可拆除。

4 对涵洞两侧的填土进行压实施工时,压实或夯实机械的作业方向应平行于涵洞的长度方向;对涵洞顶部的填土进行压实施工时,压实或夯实机械的作业方向应与涵洞的长度方向相垂直。

5 波纹钢管(板)涵洞顶部填土的最小厚度应在符合现行《公路桥涵施工技术规范》(JTG/T 3650)的规定后,方可允许车辆或筑路机械通行。

8.4 盖板涵、箱涵

8.4.1 基础、墙身及盖板施工

1 基础钢筋及墙身预埋钢筋宜使用定位卡具等措施保证钢筋间距及线形。

2 **基础混凝土宜采用跳格(槽)施工。**

3 基础施工完成后,宜采用划线+切割机+凿毛机工艺凿毛,凿毛后按设计用墨斗重新弹线,按线安装模板内外限位钢筋。

4 涵洞墙身施工宜采用整体式墙身施工台车(图8.4.1-1)。

5 墙身模板宜采用不小于6mm厚整体轧制的不锈钢面板复合模板(图8.4.1-2);倒角处模板高度应适当调整以使得水平向接缝错开倒角;内模应按照图纸尺寸进行设计生产

以便于墙身顶面高程控制。

图 8.4.1-1　整体式墙身施工台车　　　图 8.4.1-2　不锈钢面板复合模板

6　就地浇筑的箱涵可视具体情况分阶段施工,且宜先进行底板和梗肋的混凝土浇筑,再完成剩余部分的混凝土浇筑。本阶段施工时前一阶段的混凝土强度要求以及施工缝的处理,应符合规范的规定。

7　盖板钢筋制作安装时应使用盖板钢筋胎架整体制作,整体吊装。

8　盖板混凝土浇筑应连续一次成形,每片预制板或现浇板浇筑总时间不宜超过 2h。

9　盖板混凝土浇筑时应采取有效措施加强对盖板厚度和顶面线形的控制。

8.4.2　混凝土养护

1　养护宜采用滴灌养护工艺,水桶容量和水桶间距应满足养护用水量要求,并应配置水车,定期补水。

2　涵洞应全断面紧贴覆盖饱水土工布养护。

8.4.3　拉杆孔、防水处理

1　拉杆套管外露部分应采用砂轮机切割。

2　拉杆孔宜使用添加膨胀剂的高强度等级水泥浆插捣填塞密实,确保封堵处颜色与墙身整体一致。拉杆孔封堵施工时,孔口周边宜采用胶带临时保护,防止施工污染。

3　涵洞沉降缝断面应填塞沥青木板。

4　涵洞沉降缝内轮廓断面边缘宜堵塞厚度不小于 5cm 的热熔沥青浸制麻絮或灌缝胶;为防止污染墙面,施工前宜在沉降缝两侧竖向粘贴沥青纸,待沥青麻絮施工完成后再清除。

5　涵洞沉降缝外轮廓断面宜粘贴热熔 SBS 沥青贴,不宜采用传统三油两毡防水工艺(图 8.4.3-1、图 8.4.3-2)。

6　涵洞回填之前,应在整体墙身外侧(与填土接触面)均匀涂抹热熔沥青三遍。

图 8.4.3-1 涵洞沉降缝防水

图 8.4.3-2 涵洞沉降缝防水

8.5 拱涵

8.5.1 拱圈和出入口拱上端墙的砌筑施工,应由两侧向中间同时对称进行。

8.5.2 拱涵混凝土的现场浇筑施工在涵长方向宜连续进行;当涵身较长不能一次连续完成时,可沿长度方向分段进行浇筑,施工缝应设在涵身的沉降缝处。

8.5.3 现浇混凝土拱圈时,应自拱脚对称浇筑,最后浇筑拱顶,或在拱顶预留合龙段,最后浇筑并合龙。

8.5.4 预制混凝土拱圈安装时,拱座与拱圈、拱圈与拱圈的拼装接触面,应先拉毛或凿毛(沉降缝处除外),安装前应浇水湿润,再以水泥砂浆砌筑。

8.5.5 拱架拆除和拱顶填土应符合下列规定:

1 先拆除拱架再进行拱顶填土时,拱圈和护拱的砌筑砂浆或混凝土的强度应符合设计规定,设计未规定时,应达到设计强度的85%后方可拆除拱架,且在拱架拆除时应先完成拱脚以下部分回填土的填筑。

2 拱圈和护拱的砌筑砂浆或混凝土的强度达到设计强度的100%后,方可进行拱顶填土。

3 在拱架未拆除的情况下进行拱顶填土时,拱圈和护拱砌筑砂浆或混凝土的强度应符合设计规定,设计未规定时,应达到设计强度的85%后,方可进行拱顶填土;拱架应在拱圈强度达到设计强度的100%后方可拆除。拆除应由两侧向中间对称进行。

8.6 装配式通道

8.6.1 一般要求

1 本节所述装配式通道不包含前述预制混凝土管涵、盖板涵内容,主要针对装配式拱形通道、箱形通道。

2 装配式通道预制场地应具备适宜的吊装和运输条件。

8.6.2 模板验收及安装

1 预制构件模板宜采用标准化组合钢模板,模板通用技术要求及验收应符合本指南的有关规定,模板应配置附着式振捣设备。

2 每套模板第一次预制的半成品(侧墙、顶板)应进行预拼装,经验收合格后,方可进行大规模生产。

3 模板安装完毕后,应对其几何尺寸、纵横向稳定性等进行检查,验收合格后方可浇筑混凝土。

8.6.3 钢筋安装

1 钢筋的加工与安装应在加工场内集中进行。

2 拱形涵片带弧度的主筋应采用专用弯弧设备加工。

3 钢筋骨架的焊接应在坚固的工作胎架上进行。骨架纵横主筋、箍筋、架立筋之间的焊接应采用二氧化碳气体保护焊。

4 钢筋骨架焊接完成并经检验合格后,应采用整体吊装入模(图8.6.3)。

图 8.6.3 钢筋整体吊装入模

8.6.4 混凝土浇筑、养护

1 混凝土应由两侧最低端开始浇筑,浇筑第一块模板位置时打开第二块模板,由第二块模板位置下料。依次按30cm厚度、顺方向分层浇筑。

2 混凝土振捣采用插入式振捣棒进行振捣,振捣棒插入间距为30cm,振捣上层混凝土时振捣棒应插入下层混凝土中5~10cm,以保证上下层混凝土均匀密实。

3 混凝土浇筑完成后应采用带模洒水养护3d以上,待达到吊移条件(约75%设计强度)后,转至养护区采用喷淋养护,预制构件养护期应不小于7d(图8.6.4)。

4 养护完成后放置在专用存放架,接触部位用橡胶垫隔离保护;预制构件养护完成后应及时编号,以利于拼装和使用。

8.6.5 运输

1 施工单位应编制吊装施工方案,结合预制构件的类型确定吊点、吊装设备、吊装方法及安装顺序。

图 8.6.4　预制构件养护

2　预制构件运输前应对运输车辆、吊车、吊绳、吊具进行全面检查,确保机械设备完好,吊装应平稳。

3　预制构件运输前应对运输便道进行修整,防止车辆行驶出现较大晃动而损伤构件。

4　特殊截面构件在吊运之前,应采取一定加固措施,防止构件在吊运过程中变形、破坏。

8.6.6　垫层施工及控制

1　地基处理完成后,浇筑混凝土垫层,其宽度宜比结构物宽 50cm 以上,垫层混凝土可采用槽钢做两侧边模和高程带,浇筑时应严格控制高程带高程。

2　垫层混凝土强度达到 2.5MPa 以上时,应及时测量垫层高程和平整度,平整度如超过 3mm 时,应进行打磨处理。

8.6.7　预制构件拼装

1　垫层混凝土达到一定强度之后方可在垫层上进行装配式涵洞构件的安装。

2　预制构件拼装时,接缝两侧的混凝土表面应用清水冲洗干净。预制构件的混凝土强度达到设计强度的 90% 以上时,方可吊运、安装。

3　**侧墙安装时应保证侧墙的竖直度,确保墙身与垫层密贴**(图 8.6.7-1、图 8.6.7-2)。

图 8.6.7-1　预制构件拼装

图 8.6.7-2　预制构件拼装

附录B 质量通病及防治

B.1 混凝土构件几何尺寸偏差

B.1.1 通病现象

混凝土构件几何尺寸偏差。

B.1.2 主要原因分析

1 对设计图纸不熟悉,或设计图纸有错漏未及时发现。
2 施工测量不准确或计算不准确,造成施工放样后几何尺寸偏差。
3 因模板刚度不足产生胀模,或模板变形。
4 模板接缝强度不足,胀缝。
5 模板外支撑(支架或地基)松动、变形。
6 模板安装定位不准确,有偏差。

B.1.3 防治措施

1 加强对施工图审核,发现图纸有错漏、自相矛盾或不符合现场实际情况及时提出。
2 加强工序验收,模板安装完成后应现场对照图纸复核后浇筑。
3 测量控制点应定期进行复测,所有测量仪器定期效验及检定,施工测量应进行复核,确认无误后进行施工放样工作。
4 模板、支撑系统应具有足够的强度、刚度和稳定性。
5 模板应与混凝土结构形式、施工条件和浇筑方法相适应,应保证结构物各部位形状尺寸和相互位置准确。
6 确保支撑牢固,防止模板在浇筑混凝土时产生移位。
7 模板应按设计要求准确就位。梁板等结构的底模应设置预拱度。
8 混凝土浇筑完成后严格按照设计高度收面。

4 预制构件安装时可采用铁撬棍和牵引绳引导定位。

5 单侧侧墙安装以侧墙顶凹槽槽口线为控制基准线,相邻侧墙凹槽槽口错台应控制在5mm以内。

6 两侧侧墙安装固定完成,检查无误后方可安装顶板。

7 装配式涵洞主体安装完成后,应进行洞口翼墙构件安装;安装完翼墙后进行洞口底板混凝土浇筑。

8.6.8 底板混凝土浇筑

1 侧墙及顶板安装完毕检验合格后,方可连接两侧墙底板预留钢筋。

2 检查钢筋连接质量合格后,方可安装模板浇筑底板混凝土。

3 浇筑时应严格按设计位置设置涵洞沉降缝。

8.6.9 防水处理

1 采用泡沫塑料板塞缝后,应用钢丝刷、抹布将缝内、缝边杂物清理干净,拉毛处理。

2 洒水湿润接缝,应填塞M7.5高黏稠水泥砂浆,并修理平整,完成后用喷雾器洒水养护不少于7d。

3 通道接缝外轮廓断面宜粘贴热熔SBS高聚物改性沥青防水卷材(沥青贴),沥青贴应向专业厂家采购,并妥善保管和存放,以防老化和变形,宽度不宜小于25cm,安装应密贴,并每隔1m采用高强度钢钉加强固定。

9

桥梁拼宽和涵洞接长

9.1 一般规定

9.1.1 本章适用于梁式桥的拼宽改建、涵洞接长等施工。

9.1.2 桥梁拼宽、涵洞接长施工除满足本章规定外,还应符合本指南相关章节的规定。

9.1.3 设计单位应充分收集既有道路的设计图纸、竣工文件及相关资料,并提供给各参建单位,建设单位组织设计单位对监理单位、施工单位进行设计交底。

9.1.4 施工单位应对既有桥梁桥台、墩柱坐标、高程以及梁板长度等进行调查,施工放样前必须进行复核,确认无误后方可施工。施工时应加强现场核对及地质状况调查工作,如发现有较大差异时,应及时报监理单位、设计单位和建设单位,根据实际情况进行调整。

9.1.5 施工单位应在建设单位的组织下,认真做好物探工作,对周边环境及地下管线,要详细摸查,切实制定保护措施以确保安全。

9.1.6 施工单位应对既有桥梁外观病害进行复核,如存在与设计不符的情况,应及时报监理单位、设计单位和建设单位,重新确定设计方案。

9.1.7 新旧桥梁拼接施工应结合实际交通组织方案进行,若采用封闭交通进行新旧桥梁拼接施工,封闭时间宜不少于72h。

9.1.8 施工单位应对先行实施的桥梁拼接工艺技术经验进行总结再推广。

9.1.9 监理单位应对拼宽桥梁与既有桥梁平面位置、桥面高程、纵横坡、钢筋植筋、结合面处凿毛、混凝土养护等进行重点管控。

9.1.10 桥梁拼接施工进度宜与路基、路面工程进度相匹配,中小桥梁宜与路基同步交验,确保施工质量。

9.1.11 施工单位在改(扩)建新旧涵洞拼接施工前,应对既有涵洞净空、净宽、结构、尺寸、排水、过人等情况进行调查,如存在与设计不符的情况,应及时报监理单位、设计单位和建设单位,重新确定设计方案。

9.2 桥梁拼宽控制要点

9.2.1 既有桥梁八字墙、侧墙破除前,宜采取钢板桩、喷射混凝土或钢花管注浆等临时支挡防护措施,防止既有桥梁桥头边坡滑移、搭板掏空下沉等形成安全隐患,同时做好桥头临时排水设施。桥台回填至路床前不宜拔除钢板桩防护。

9.2.2 桥台桩基施工时,不得在新建路基范围内开挖泥浆池。

9.2.3 对既有桥梁拼接部位或桥面系混凝土进行凿除或拆除时,应采取措施防止对原结构造成损伤或破坏,推荐采用高压水力破除技术。

9.2.4 施工单位在植筋前应检查被植筋的混凝土外观质量,如有缺陷应先行修复;并用探测仪测出植筋处混凝土内的钢筋或预应力筋位置,核对、标记植筋部位,以便钻孔时避让钢筋或预应力筋。

9.2.5 对既有桥梁铺装层的结合面应进行界面处理,可采用精铣刨或抛丸工艺,清除原结构表面的浮浆。

9.2.6 加宽桥面拼接处的钢筋较密时,可采用细石混凝土,并改进振捣措施,加强混凝土养护。

9.2.7 拼接施工完成后,应检查拼接部位混凝土质量。

9.2.8 交通转换临时通车幅桥面整体化层宜按混凝土路面铺装质量标准控制,桥梁临时伸缩缝可采用浅埋式橡胶伸缩缝。

9.2.9 新旧桥梁伸缩缝应设置在同一平面位置,既有桥梁伸缩缝更换时对梁端间隙进行处理,并清理梁端杂物。

9.3 既有桥梁拆除控制要点

9.3.1 施工单位应针对不同的桥梁结构类型,编制既有桥梁拆除专项施工方案和专项应急预案。

9.3.2 在既有桥梁拆除过程中不宜将大型施工机具置于既有桥梁上;若需置于既有桥梁作业时,应对既有桥梁的承载能力进行验算,验算合格后方可实施。

9.3.3 桥面系破除时,为防止损伤梁板,不得使用大功率机械破除。

9.3.4 既有桥梁防撞护栏拆除前,应设置临时防撞设施,可采用临时背撑式混凝土防撞护栏。

9.3.5 既有桥梁防撞护栏拆除宜采用绳锯切割工艺,并应防止其掉落桥下。

9.3.6 单孔薄壁台桥梁换板时,应对既有桥台采取必要的临时支撑措施。

9.4 既有桥梁加固控制要点

9.4.1 施工单位应加强桥梁隐蔽部位的动态调查，包括桥面连续、整体化层、桥台背墙、搭板等，如存在与设计不符的情况，应及时报监理单位、设计单位和建设单位。

9.4.2 桥台背墙改造时，为防止损毁既有桥台牛腿，可采用绳锯切割工艺，不得使用爆破或破碎锤方法拆除。

9.4.3 既有桥梁支座更换应在新旧桥梁永久拼接前完成。

9.4.4 同一联梁板应同步顶升，顶升过程中应同时对梁板横向和纵向变形进行监控。

9.5 涵洞接长

9.5.1 不宜在雨季和农田灌溉高峰期进行涵洞拼接施工。

9.5.2 对原有锥体或端翼墙，应分段拆除。端、翼墙拆除前，宜采用钢板桩、混凝土喷射等临时支护措施，维持原有涵背填土的稳定性。

9.5.3 洞口构筑物拆除宜采用切割、凿除等方法，不得使用爆破或破碎锤方法拆除。

9.5.4 涵洞、通道接长，原则上采用与既有结构物相同的断面尺寸。对于斜交圆管涵接长时，一般应拆除原涵端斜管节，以正管相接。

9.5.5 监理单位应对新接涵洞的基底处理和新旧涵沉降缝处理进行重点管控。

9.5.6 新接涵洞的基底处理施工应避免扰动既有涵洞。

9.5.7 明确为废弃涵洞的应做好封闭处理。

10 雨期和热期施工

10.1 一般规定

10.1.1 雨期及热期的桥涵施工,施工单位应根据不同季节特点制订相应的施工技术方案,并采取有针对性的措施,保证工程质量和施工安全。

10.1.2 雨期施工时,施工单位应通过当地气象部门提前获取气象预报资料,制订切实可行的施工组织计划、施工技术方案及应急预案,做好防范各种自然灾害的准备工作。

10.1.3 雨期施工时,施工单位应提前准备必要的防洪抢险器材、机具及遮盖材料,对水泥、钢材等工程材料应有防雨防潮措施,对施工机械应有防止洪水淹没等措施;施工场地和生活区应设置排水设施;同时应制定安全用电规程,严防漏电、触电;雷区应有防雷措施。

10.1.4 在降雨量集中季节且会对工程质量造成影响时,施工单位应按雨期的要求进行施工;当昼夜日平均气温连续 5d 高于 30℃时,混凝土工程和砌体工程的施工应符合热期施工的规定。

10.1.5 雨期及热期施工除应符合本章的规定外,应符合本指南其他章节的有关规定。

10.2 雨期施工

10.2.1 基础施工

1 基坑开挖时,应设挡水埂,防止地面水流入;基坑内应设集水井,并应配备足够的抽排水设备。

2 基坑施工应加强对边坡的支护,或适当放大边坡坡度;对地基不良地段的边坡应加强观测,发现异常应及时分析原因,采取处理措施。

3 基坑开挖后应及时进行垫层和基础的施工,防止被水浸泡;若被浸泡,应挖除被浸泡部分,采用砂砾材料回填。

4 水中基础的施工应采取防止洪水淹没或冲毁施工作业平台及施工设备、设施的有效措施。

10.2.2 结构混凝土的雨期施工

1 模板支架的地基和基础应满足强度和稳定性的要求,施工单位应采取必要的安全技术措施,防止地基软化而导致沉降及支架失稳。

2 钢筋、钢绞线等材料的存放应支垫和覆盖,并应防水、防潮。钢筋的加工和焊接应在防雨棚内进行。结构外露的钢筋、钢绞线及预埋钢件等应采取覆盖或缠裹等防护措施。

3 水泥的储存应防雨防潮,已受潮有结块的水泥不得用于工程中。

4 雨期施工应增加砂、石集料含水率的检测次数,及时调整混凝土配合比,保证拌和质量;砂、石集料的含水率检测,每个台班应不少于1次,雨后拌制混凝土应先检测后拌和。

5 雨后模板和钢筋上的淤泥、杂物等,应在浇筑混凝土前清除干净。

6 桥面防水层不得在雨天进行铺设施工。

7 除非有良好的防护措施,不宜在雨天浇筑结构混凝土。每个预制梁场应至少配备1套活动式防雨棚(图10.2.2)。新浇筑的混凝土在终凝前,不得被雨淋。

图10.2.2 预制梁活动式防雨棚

10.2.3 砌体的雨期施工

1 砌体砂浆在达到终凝前,不得遭受雨水冲淋。
2 块石、片石或预制混凝土块应在其表面淤泥、杂物冲洗干净后方可用于砌筑。
3 现场制作的砌体砂浆试件应采取防雨措施。

10.3 热期施工

10.3.1 热期混凝土配制、拌制和运输

1 混凝土配合比的设计应考虑高温对混凝土坍落度损失的影响。混凝土中可掺加高效减水剂或掺用粉煤灰等活性材料取代部分水泥,减少水泥用量。

2 混凝土宜选用水化热较低的水泥,当掺用缓凝型减水剂时,可根据气温情况适当加大坍落度。

3 施工单位应采取必要措施对水泥和砂、石集料等遮阳防晒,或对砂、石料堆喷水降温,降低原材料进入搅拌机的温度。

4 拌和水宜采用冷却装置或其他适宜的方法对其降温;对水管及水箱应设置遮阳或隔热设施。推荐采用拌和站水冷却机组降低拌和用水温度,有效降低水化热(图10.3.1)。

图10.3.1 拌和站水冷却机组

5 拌和站的料斗、储水器、皮带运输机及搅拌筒等应采取遮阳措施,水泥罐应启用喷淋系统等降温措施。

6 大体积混凝土的热期拌制推荐配备拌和站制冰机。

10.3.2 热期混凝土浇筑

1 混凝土浇筑前应有全面的施工组织计划,做好充分准备,配备足够的施工机具设备,保证浇筑施工能连续进行。

2 条件具备时,应对混凝土浇筑场地进行遮盖防晒,降低模板和钢筋的温度;亦可在模板、钢筋和地基上喷水降温,但在浇筑时模板内不得有积水或附着水。

3 混凝土浇筑宜选在一天当中温度较低的时间进行;混凝土从搅拌至浇筑的时间应尽量缩短,浇筑速度应加快且应连续进行。

4 浇筑完成后应加快表面混凝土的修整速度,修整时可采用喷雾器喷洒少量水防止表面干缩裂纹,但不得直接在混凝土表面浇水。

10.3.3 热期混凝土养护

1 混凝土浇筑完成并对表面修整后应立即覆盖清洁的塑料薄膜,使混凝土表面保持水分;初凝后应增加覆盖浸湿的土工布,继续洒水保湿养护。

2 保湿养护期间,具备条件时,宜采取遮阳、挡风、加密洒水等措施降低高温和干热风对养护质量的影响。

3 对桥面铺装混凝土或其他外露面较大的板式结构混凝土,施工单位应在施工前制订养护方案,采取有效、可行、详细的养护措施。

附录A 四新技术

A.1 高强度钢木组合模板

A.1.1 高强度钢木组合模板（图 A.1.1-1）主要应用在矩形实心墩、矩形空心墩等桥墩施工,模板由特制专用木板、木工字梁、槽钢横楞及螺杆、螺母等配件组成。模板节段长一般为 4650～6150mm,浇筑节段高一般为 4500～6000mm。模板面板可采用 18mm 厚木胶合板,竖肋采用木工字梁,横肋采用一对[14 槽钢,模板节段下沿横肋采用一对[20a 槽钢,配合 D20 螺杆和蝶形螺母（图 A.1.1-2）。高强度钢木组合模板具有节段长、质量轻、刚度大、成本低、工效高、浇筑混凝土外观好等优点。

图 A.1.1-1 模板整体外观　　图 A.1.1-2 模板下沿角部连接

A.2 桥面混凝土调平层四辊轴摊铺机

A.2.1 四辊轴摊铺机（图 A.2.1）主要应用于桥面混凝土调平层的施工,四辊轴摊铺机集摊铺、整平、振实、提浆、找平等功能为一体,对比三辊轴设备,混凝土布料更加均匀,可有效提高桥面混凝土调平层的平整度、密实度,提高混凝土强度的均匀性。

图 A.2.1　四辊轴摊铺机

A.3　数控钢筋笼滚箍机

A.3.1　数控钢筋笼滚箍机主要应用于桥梁桩基与圆柱墩钢筋笼的加工,是一种由可编程序逻辑控制器(PLC)控制的加工生产钢筋笼的设备,数控钢筋笼滚箍机主要由行走驱动机构、电控柜、分料系统、旋转驱动机构、箍筋矫直系统、钢筋放线架等设备组成。数控钢筋笼滚箍机具有精度高、自动化程度高、工效高、节省原材料等优点,如图 A.3.1-1 ~ 图 A.3.1-4 所示。

图 A.3.1-1　滚箍机施工

图 A.3.1-2　滚箍机控制中心

图 A.3.1-3　滚箍机控制中心

图 A.3.1-4　滚箍机盘圆调直机

A.4　活动式钢楔块

A.4.1　活动式钢楔块(图 A.4.1)主要应用于桥梁墩台帽、盖梁等结构物支架的临时支撑,活动式钢楔块由钢楔块与螺杆、螺母组成,置于基座上保持水平,采用螺杆拧紧固定,通过调节钢楔块来确保墩台帽与盖梁底模高程位置,卸载时仅需松动螺母即可完成。活动式钢楔块具有安全可靠、受力均匀、成本低廉、可循环利用的优点。

图 A.4.1　活动式钢楔块

A.5　支座垫石包裹养护法

A.5.1　支座垫石包裹养护法是目前桥梁支座垫石的一种养护方法。工艺流程为:用土工布包裹垫石,将5cm厚海绵置于垫石顶面,向海绵注水后用塑料薄膜包裹四周,胶带捆绑固定。该方法具有安全、养护成本低、养护质量高的优点,如图 A.5.1-1～图 A.5.1-4 所示。

图 A.5.1-1　铺设土工布

图 A.5.1-2　铺设海绵

图 A.5.1-3　向海绵注入充足水量

图 A.5.1-4　塑料薄膜包裹密封

A.6　钢绞线梳编束作业平台

A.6.1　钢绞线梳编束作业平台主要应用于桥梁工程预应力钢绞线的整体梳束、编束，该作业平台由夹紧固定台、编束平台、梳编器及牵引机四部分组成，工艺流程为钢绞线下料后穿过梳编器和夹紧器，由牵引卷扬机带动梳编器进行梳编，采用铁丝间隔0.5m绑扎，防止钢绞线出现松散、扭结。该工艺具有操作简单、成本低、节省人工、节省梳编束时间等优点，如图 A.6.1-1 ～ 图 A.6.1-4 所示。

图 A.6.1-1　夹紧固定台

图 A.6.1-2　梳编平台

图 A.6.1-3　钢绞线编束　　　　图 A.6.1-4　牵引卷扬机

A.7　混凝土钢筋保护层厚度检测器

A.7.1　混凝土钢筋保护层检测器(图 A.7.1-1、图 A.7.1-2)主要应用于各类混凝土构件底板钢筋保护层厚度的检测,消除传统尺量检测由于视觉角度造成的误差,提高测量精度,从而有效解决钢筋保护层厚度不足或超厚问题。钢筋保护层检测器具有操作方便、精度高、经济适用等优点。

图 A.7.1-1　钢筋保护层检测器

图 A.7.1-2　现场检测

A.8 预制箱梁整体自行式液压模板系统

A.8.1 预制箱梁整体自行式液压模板系统主要应用于梁型统一的大型预制梁场,箱梁内外模板配备液压系统,并设置轨道,通过液压系统的助力作用,实现模板平移、拼装、脱模的自动化,可有效减少人工拼装导致的模板接缝不严密、错台等质量缺陷。预制箱梁整体自行式液压模板系统具有操作方便、工效高、经济适用等优点,如图 A.8.1-1~图 A.8.1-4 所示。

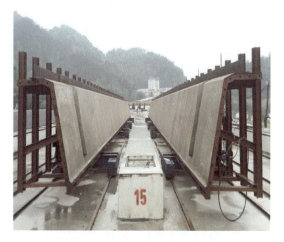

图 A.8.1-1　整体液压行走式外模

图 A.8.1-2　液压升降与平移系统

图 A.8.1-3　整体液压抽拔式内模

图 A.8.1-4　内模抽拔台车

A.9 涵洞拉杆孔封堵施工工艺

A.9.1 涵洞拉杆孔封堵施工工艺主要应用于涵洞墙身拉杆孔封堵(图 A.9.1-1),工艺流程为:将拉杆孔位置剩余的 PVC 管切割打磨干净,在每一个拉杆孔上贴好专用贴纸,并用砂浆对拉杆孔进行封堵并精平(图 A.9.1-2),待砂浆凝固后揭掉贴纸。该工艺可有效减少墙身混凝土污染,提升墙身混凝土外观质量。

 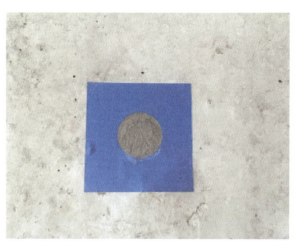

图 A.9.1-1　贴纸粘贴拉杆孔并进行封堵　　　　　图 A.9.1-2　精平后效果

A.10　箱梁内腔雾炮机养护

A.10.1　雾炮机(图 A.10.1-1)应用于预制箱梁内腔的养护,使用时从箱梁的两端向箱梁内腔喷出水雾(图 A.10.1-2),该养护方式具有机动灵活、养护效果好等优点。

图 A.10.1-1　雾炮机　　　　　图 A.10.1-2　箱梁内腔雾炮机养护

A.11　空心板自动凿毛

A.11.1　该工艺主要由凿毛机头、升降机身、轨道和空压机组成。凿毛机头为桥梁施工中常见的桥面多孔凿毛机头,利用连接钢板,将凿毛机头安装在可升降的机身上,并设置拧紧转盘,工作时,由空压机带动凿毛机头振动,人工操作在轨道上沿梁长方向滑动,同时转动拧紧转盘,使凿毛机头紧密地贴紧在混凝土表面上,当完成一段凿毛后,调整凿毛机头高度,进行下一段凿毛作业,实现凿毛的机械化作业,可提高凿毛效率和凿毛质量(图 A.11.1-1、图 A.11.1-2)。

图 A.11.1-1　空心板自动凿毛

图 A.11.1-2　空心板自动凿毛效果

A.12　临时背撑式混凝土防撞护栏

A.12.1　该设施主要由混凝土防撞护栏、钢支撑组成。混凝土防撞护栏宜利用中分带永久混凝土防撞护栏,将其纵向摆放在需要封闭车道指定位置,先用连接构件将防撞护栏进行纵向连接,再在防撞护栏中部以及连接接头位置紧贴护栏背部设置钢结构固定支撑,可提高临时护栏的防撞能力,如图 A.12.1-1、图 A.12.1-2 所示。

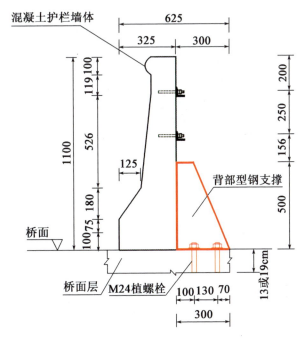

图 A.12.1-1　背撑式防撞护栏设计图(尺寸单位:mm)

图 A.12.1-2　临时背撑式防撞护栏实景

A.13　SPMT自行式模块车

A.13.1　该设备主要由自行式液压模块运输车（Self-Propelled Modular Transporter，SPMT）、汽车吊组成。在桥梁安装（拆卸）时对梁体结构、预应力设置进行分析，合理确定技术措施，根据安装单元划分情况进行支墩搭设及临时预应力加固，采用SPMT自行式模块车将备安装的梁体运输至指定位置，实施精确、高效拼装（拆卸）。该设备使用灵活，拆装方便，在多车机械组装或自由组合情况下可灵活确定载重量，如图A.13.1-1、图A.13.1-2所示。

图A.13.1-1　应用SPMT自行式模块车运输新建天桥和拆走旧天桥

图A.13.1-2　应用SPMT自行式模块车安装新建天桥就位

A.14　高压水力破除混凝土工艺

A.14.1　该工艺主要由高压水射流机器（图A.14.1-1）、空气压缩机组成。实施前，将高压水射流机器人摆放平稳,通过调节水压力、曝水时间以及喷嘴高度和角度,控制混凝土拆除的厚度及速度。采用高压水力破除,可准确控制所拆除混凝土的面积、厚度,施工精密度、机械化程度高;拆除后的混凝土面为不均匀毛面,切缝顺直、平整、外表美观;对留存的混凝土结构、钢筋无损伤,充分利用旧桥钢筋,提高桥梁拼接质量,具有低噪声、无扬尘、安全高效的优势。调平层破除效果如图 A.14.1-2 所示。

图 A.14.1-1　高压水射流机器

图 A.14.1-2　调平层破除效果

B.2 构件混凝土强度不足

B.2.1 通病现象
1 构件混凝土强度整体偏低。
2 构件混凝土强度离散性偏大。

B.2.2 主要原因分析
1 碎石、砂指标有波动。
2 施工配合比调整不及时、不规范。
3 外加剂与水泥、集料相容性较差。
4 混凝土养护不规范。

B.2.3 防治措施
1 加强对砂石材料进场检测，不合格材料及时采取处置措施。
2 当施工工艺、施工条件或原材料质量等发生明显变化时，应重新进行配合比设计。
3 加强拌和站计量系统使用期间的过程标定。
4 施工过程中不得现场随意调整配合比。
5 加强外加剂相容性和稳定性检验。
6 采取有效措施及时保水养护。

B.3 混凝土外观病害

B.3.1 通病现象
混凝土构件存在色泽不一、水纹、砂线、蜂窝、麻面等外观缺陷。

B.3.2 主要原因分析
1 混凝土配合比设计不当。
2 原材料含泥量等指标不合格。
3 混凝土搅拌时间不足，拌和不均匀。
4 混凝土局部振捣不足、漏振或过振。
5 模板表面锈蚀、不光洁。
6 脱模剂选用不当，涂刷不均匀。
7 落料口与浇筑面高差过大，导致混凝土离析。
8 模板缝隙漏浆。

B.3.3 防治措施
1 加强配合比设计审核。
2 加强原材料进场检测，必要时采取处置措施。
3 混凝土拌和均匀，和易性好，加强混凝土坍落度检测。
4 混凝土浇筑过程应充分均匀振捣，且不得过振。

5　模板使用前应检查变形情况,并打磨修复,清除杂质。
6　选用脱模剂应验证其效果,并涂刷均匀。
7　混凝土下料高度超过 2m 应设串筒或溜槽。
8　模板缝采取有效止浆措施。
9　用于养护的土工布应干净无脱色,未被污染;用于养护的水应洁净。
10　结构物成品加强保护,防止二次污损。

B.4 钢筋保护层厚度合格率低

B.4.1　通病现象
钢筋保护层厚度合格率低。

B.4.2　主要原因分析
1　钢筋制作尺寸偏差大。
2　钢筋安装定位不准确或定位措施不足扰动后偏位。
3　保护层垫块尺寸不匹配、强度不足、数量少,安装不规范。
4　模板定位不精准或模板分节长度造成的系统偏差(曲线段)。

B.4.3　防治措施
1　加强钢筋加工、安装环节的控制,提高钢筋下料精度,制作胎架,焊接绑扎牢固,确保骨架刚度,提高抗扰动能力并准确定位。
2　根据设计图纸选用尺寸匹配的专用高强砂浆垫块,优化布置形式,确保垫块数量。
3　合理划分模板节段,减少系统误差。
4　加强各环节工序验收,及时检测和总结,提高工艺控制水平。

B.5 混凝土表面干缩裂缝

B.5.1　通病现象
混凝土表面出现龟裂,纵横交错。

B.5.2　主要原因分析
1　未及时进行养护,未充分养护。
2　未采取有效措施保水养护或养护时在混凝土表面形成干湿循环。
3　采用人工养护方式,养护人员和设备配置不足。
4　采用养护剂养护时,养护剂质量不合格。

B.5.3　防治措施
1　拆模前宜带模养护,拆模后应紧跟保水养护。
2　选用土工布等保水性材料围裹养护,应有一定搭接长度,并紧贴混凝土表面。
3　混凝土工程养护不得形成干湿循环,保证养护时间。

4 宜采用自动化、智能化混凝土养护设施。
5 采用养护剂养护时选用质量合格的养护剂。

B.6 桩基沉渣偏厚

B.6.1 通病现象
桩底沉渣厚度偏厚。

B.6.2 主要原因分析
1 清孔时间不足,泥浆置换不充分。
2 施工工序衔接不紧凑,清孔至混凝土灌注间隔时间过长,二次清孔时间不足。
3 泥浆指标未达到设计及规范要求。

B.6.3 防治措施
规范清孔措施及控制泥浆指标,保证清孔时间。

B.7 桩头破损、钢筋损伤

B.7.1 通病现象
桩头破除时混凝土破损、钢筋变形、扭曲、断折。

B.7.2 主要原因分析
采用大功率风镐等设备暴力破桩头。

B.7.3 防治措施
1 桩基钢筋笼顶部主筋使用套管保护。
2 桩头破除采用"环切法"施工。

B.8 混凝土构件烂根

B.8.1 通病现象
混凝土构件根部出现蜂窝麻面、夹渣、疏松、砂浆(发泡剂)侵入等现象。

B.8.2 主要原因分析
1 混凝土浇筑下料离析。
2 模底漏浆。

B.8.3 防治措施
1 浇筑混凝土前将模板用水湿润。
2 模板底部采取有效措施封堵,浇筑前在模内检查模底封闭情况,消除多余的砂浆(发泡剂)等。

B.9 柱间距偏差大

B.9.1 通病现象
墩柱间距偏差大。

B.9.2 主要原因分析
1 桩基平面偏差大。
2 墩身平面位置定位精度不高。
3 模板定位精度控制不高。
4 模板支撑系统刚度不足,模板底部局部脱空,模板竖直度控制精度不高。

B.9.3 防治措施
1 加强桩基平面位置控制,准确定位桩基。
2 墩柱立模前,将顶面(桩基或承台)打磨平整,复核基础平面位置偏差,测设立柱中心及边线,准确定位墩柱中心。
3 采取缆风绳等措施控制模板竖直度,浇筑前复核位置。
4 加强模板底部支撑,确保底部支撑稳固可靠。

B.10 支座脱空

B.10.1 通病现象
支座底部与梁底楔形块或支座垫石不密贴,有间隙;偏位严重;钢板锈蚀;垫小钢板或松散砂浆;滑板支座未填充硅脂油或填充偏少,不能起到润滑作用。

B.10.2 主要原因分析
1 支座垫石平整度和四角高程不符合设计要求。
2 支座脱空后处理不当。
3 支座垫石偏位或支座安放偏位。
4 预制梁梁底楔形块尺寸偏差,底部不平。

B.10.3 防治措施
1 精确放样并严格控制支座垫石、梁底楔形块的高程和平整度。
2 出现脱空现象按照规范放置大于支座受压面积的钢板;高强灌浆料或环氧砂浆调平。
3 橡胶支座应按照设计图纸要求准备定位。
4 将滑板支座储油槽内全部填充硅脂油并加强过程检查。

B.11 预制梁板封端质量缺陷

B.11.1 通病现象
梁板封端变形、混凝土不密实、开裂。

B.11.2 主要原因分析

1 模板刚度不足,支撑不牢固,浇筑时发生变形、胀模。
2 模板竖直度控制不足,封端在竖向或横向倾斜。
3 未进行振捣和养护。

B.11.3 防治措施

1 模板安装时,应严格控制尺寸,应考虑封铺端厚度要求。
2 模板的强度和刚度应进行计算,支撑应稳定牢固,浇筑过程中及时检查模板变形倾斜情况,加固支撑。
3 严格按照混凝土施工规范进行振捣和养护。

B.12 预应力工程质量缺陷

B.12.1 通病现象

锚下混凝土不密实;梁板底板端部张拉崩边;预应力管道线形不顺畅;压浆不饱满;锚下有效预应力不满足要求。

B.12.2 主要原因分析

1 锚下钢筋密集,安装不规范,振捣不充分。
2 梁板活动受限,导致张拉时底板应力集中。
3 预应力管道定位措施不足。
4 压浆压力不足或不稳定,压浆时间偏短,孔道内有杂物。
5 预应力筋、锚具或连接器等材料不满足要求,预应力筋穿束不规范,张拉过程控制不严格,张拉机具不满足要求,张拉后未及时进行压浆。

B.12.3 防治措施

1 预应力锚固区混凝土应采取有效措施加强振捣。
2 台座楔形块处底模增设活动橡胶垫板。
3 按设计线形加密波纹管定位筋。
4 采用智能张拉压浆系统,规范张拉、压浆施工。
5 预应力材料进场后应按要求进行检验,预应力筋编束绑扎后,宜采用整体穿束,张拉过程严格按照已批复的施工方案进行,全过程旁站记录,宜采用智能化张拉压浆技术,张拉设备应按要求定期标定,张拉完成后48h内尽快进行压浆工作。

B.13 预制梁吊装损伤

B.13.1 通病现象
梁板边角处破损,翼缘板边缘吊点位置混凝土崩边、剥落。

B.13.2　主要原因分析
1　起吊时梁板结构强度偏低,翼缘板侧面混凝土不密实。
2　起吊移运过程中未采取对梁板的保护措施,未采用专用吊具。
3　梁场规划或产梁计划不合理,吊装距离长,场内多次转运。

B.13.3　防治措施
1　加强混凝土边部振捣,梳齿板做好封堵措施,减少边部位置漏浆。
2　合理安排吊运时间,翼缘板达到一定强度时方可吊运。
3　起吊移运过程中对钢丝绳和梁板接触位置采用弹性物质(如木块、废轮胎等)衬垫。
4　采用专用吊具,减少钢丝绳的受力交角。
5　合理安排产梁、存梁计划,避免频繁转运。

B.14　湿接缝横向开裂

B.14.1　通病现象
湿接缝横向不规则裂缝。

B.14.2　主要原因分析
1　养护不规范。
2　混凝土坍落度偏大。
3　拆模时间过早。
4　混凝土龄期内桥面振动,产生裂缝。

B.14.3　防治措施
1　规范养护,养护期内始终保持混凝土表面湿润状态。
2　优化混凝土配合比,可采用微膨胀混凝土、纤维混凝土。
3　综合考虑天气情况,延长拆模时间。
4　同一跨内湿接缝一次浇筑完成。
5　湿接缝混凝土达到设计强度前严控大型车辆、设备通行。

B.15　预制梁板横隔板错位

B.15.1　通病现象
预制梁板吊装完成后,相邻梁横隔板存在错位。

B.15.2　主要原因分析
1　预制梁模板调节块设置不合理,导致平面有偏差。
2　横隔板模板角度与设计不符。
3　梁板安装就位精度有偏差。

B.15.3 防治措施
1 模板设计时应充分考虑横隔板位置和角度调整的需要。
2 加强梁板预制过程中对横隔板位置和角度的检查。
3 适当缩短横隔板预制宽度。
4 架梁过程控制梁位准确并适当根据横隔板对位情况稍加调整,使横隔板互相对齐。

B.16 桥面调平层质量缺陷

B.16.1 通病现象
调平层钢筋贴底;平整度合格率低;厚度合格率低。

B.16.2 主要原因分析
1 架立钢筋不足,未进行良好固定。
2 标高带精度不足,工艺设备落后,布料不均匀。
3 梁顶实际高程与设计高程差别较大。

B.16.3 防治措施
1 设置足够的架立钢筋或垫块加强钢筋网支撑。
2 应采用混凝土高程带或刚度较高的槽钢、工字钢作为高程带,严格控制高程带的高程。
3 采用先进的摊铺设备提高平整度,推荐采用四滚轴整幅摊铺。
4 严格控制桥梁下构高程、梁板存梁时间和起拱、梁板尺寸、梁板安装精度。调平层施工前,做好梁顶高程的加密复测工作,必要时应进行调坡处理。

B.17 混凝土护栏开裂

B.17.1 通病现象
护栏混凝土表面出现竖向不规则裂缝。

B.17.2 主要原因分析
1 护栏真缝、假缝设置不合理,间距过大。
2 假缝切缝不及时,假缝缝宽、缝深不满足要求。
3 外部扰动,桥面通行时间过早,在护栏混凝土未终凝前有大型车辆、设备通行。
4 混凝土养护不规范。

B.17.3 防治措施
1 根据设计图纸、施工环境合理设置护栏真、假缝。
2 避免带模养护,拆模后第一时间进行切缝,按设计要求深度、宽度切缝。
3 护栏混凝土浇筑开始至终凝,暂时封闭交通,尽量减少外部震动对混凝土的扰动。
4 加强养护,热期始终保持混凝土表面湿润。

B.18 伸缩缝质量缺陷

B.18.1　通病现象
伸缩装置与路面错台;槽口混凝土开裂;平整度差;伸缩装置间隙不符合设计要求。

B.18.2　主要原因分析
1 未严格按照设计要求安装伸缩缝。
2 槽口混凝土振捣不密实、混凝土养护不及时、表面未收光抹平。
3 槽口混凝土强度未达到要求就开放交通。
4 伸缩缝安装未根据环境温度预设伸缩缝间隙。

B.18.3　防治措施
1 严格按照设计要求安装伸缩缝,可根据槽口路面平整度情况适当调整浇筑宽度。
2 振捣到位、及时养护;表面应抹平收光,过程中及时检测平整度。
3 及时进行养护,宜采用一布一膜等复合工膜保水养护。
4 强度未达到设计要求前不得开放交通。
5 伸缩缝安装时,应根据实际环境温度调整好安装间隙。

B.19 涵、台背回填沉降开裂

B.19.1　通病现象
涵、台背回填沉降引起路面反射裂缝,导致"跳车"现象。

B.19.2　主要原因分析
1 涵、台背回填材料不合格。
2 涵、台背回填层厚、压实度不合格,填筑过快。
3 涵、台背回填前基底地基承载力不足。

B.19.3　防治措施
1 选用合格的透水性材料进行涵、台背回填,回填中粗砂应在搭板预埋沉降管。
2 严格控制厚度、压实度;分层回填,分层压实。
3 填筑完成后应有加速沉降措施。
4 涵、台背回填前对基底进行处理,确保承载力满足设计要求。

B.20 钢筋植筋抗拔力不足

B.20.1　通病现象
钢筋抗拔力小于设计值。

B.20.2 主要原因分析

1 植筋孔深度不足。

2 植筋孔径与设计偏差大。

3 植筋孔未清理。

4 植筋胶不符合设计要求。

B.20.3 防治措施

1 选用专业钻孔设备进行钻孔。

2 加强植筋钻孔孔深、孔径过程检查。

3 选用空气压缩机清理植筋孔灰尘。

4 对要植入钢筋上的锈迹、油污进行除锈与清理。

5 植筋胶应符合设计要求。